ARTE IN CUCINA

33 KÜNSTLER UND IHRE LIEBLINGSREZEPTE

Wiebke van der Scheer & Margré Mijer

Aus dem Nieder ändischen von
Verena Kiefer

GERSTENBERG

INHALT

Alle Rezepte sind für ungefähr 4 Personen.

HINWEIS:
Einige Rezepte in diesem Kochbuch enthalten rohe Eier. Bitte verzehren Sie
diese Gerichte sofort und bewahren Sie sie nicht auf. Vor allem Schwangere
und ältere Menschen sollten diesen Hinweis berücksichtigen.

VORWORT

Dies ist ein Kunst-Kochbuch voller Gemälde der Künstler von ARTACASA, meiner Galerie in Amsterdam. Ohne sie gäbe es weder die Galerie noch dieses Buch. Menschen am Tisch, eine schlafende Dame auf dem Sofa, ein Glas Wein, wundervolle Landschaften, Stillleben und drollige Tiere. Die Gemälde sind farbenfroh, gegenständlich und von einer sehr entspannten Stimmung getragen. Schenken Sie sich ein Glas Wein ein, wählen Sie das schönste Bild und das leckerste Rezept und genießen Sie!

Die Rezepte in diesem Buch stammen von den Künstlern der Galerie sowie von Kunden, Freunden, meiner Familie und mir selbst. Die Gerichte sind leicht nachzukochen und eine Lust fürs Auge.

Das Buch wurde von Margré Mijer entworfen, Grafikdesignerin und Freundin, die ihr Talent voller Hingabe und mit großartigem Ergebnis diesem Buch gewidmet hat. Sie haben jetzt die Wahl: erst anschauen, dann kochen oder erst kochen, dann anschauen. Mit dem aufgeschlagenen Buch auf dem Küchentisch geht beides gleichzeitig ... Wie auch immer: Viel Vergnügen!

Wiebke van der Scheer
A R T A C A S A
Kerkstraat 411-HS
1017 HX Amsterdam
www.artacasa.nl

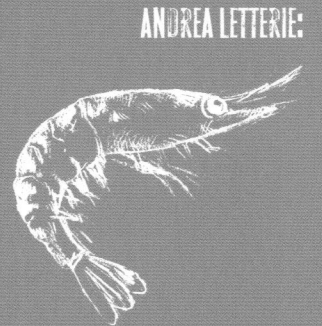

ANDREA LETTERIE: VERSCHIEDENE FARBEN UND GESCHMACKSRICHTUNGEN VERBINDEN SICH ZU EINER INTERESSANTEN PALETTE.

GARNELEN MIT AVOCADO-MOUSSE

1 Avocado
1 EL Crème fraîche
1 TL Zitronensaft
Salz
Pfeffer
300 g Garnelen
frischer Dill zum Garnieren

Die Hälfte der Avocado mit einer Gabel zerdrücken und Crème fraîche, Zitronensaft, Salz und Pfeffer unter die Masse rühren. Die andere Hälfte der Avocado würfeln.

Vier schöne Gläser bereitstellen (hübsche Teetassen eignen sich auch gut). Ein wenig Mousse auf den Boden geben, darüber einige Avocadowürfel und darauf die Garnelen. Ein Tupfer Crème fraîche, Dill und ein Hauch Pfeffer runden das Ganze ab.

TIPP:
Mit warmem Toast servieren.

SCONES

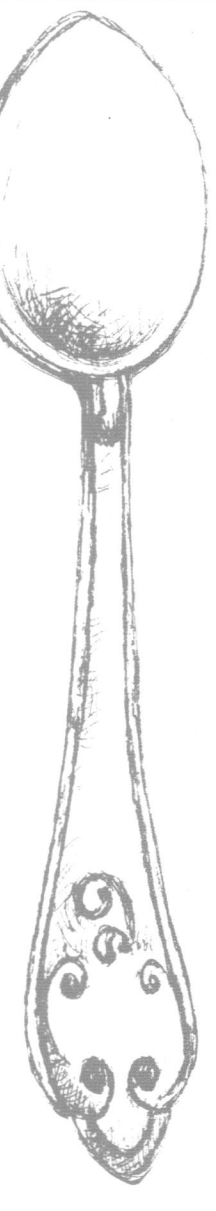

Für ca. 18 Stück

1 Scones-Form	55 g Farinzucker
900 g Mehl	400 ml Milch
170 g Butter in Würfeln	3 frische Eier
1 Prise Salz	1 gequirltes Ei mit 1 Prise Salz zum Bestreichen
3 EL Backpulver	etwas Rohrzucker zum Einstippen

Mehl in eine große Schüssel sieben. Butter, Salz und Backpulver hinzugeben und zwischen Daumen und Zeigefinger kneten, bis die Mischung zu trockenen Krümeln geworden ist. Den Zucker einrühren und eine Mulde in die Mitte machen. Milch und Eier verquirlen und in die Mulde geben. Zu einem weichen Teig verarbeiten.

Teig etwa 2,5 cm dick auf einer bemehlten Arbeitsfläche ausrollen und mit einer Scones-Form Scones von ca. 6,5 cm Durchmesser ausstechen. Auf ein mit Backpapier ausgelegtes Backblech legen, dort mit dem gequirlten Ei bestreichen und in den Zucker stippen.

Die Scones im vorgeheizten Backofen (200 °C, Umluft 180 °C) 10 bis 15 Min. backen, bis sie goldbraun sind. Abkühlen lassen und servieren.

mit Marmelade und Schlagsahne bestrichen einfach köstlich!

MAHLZEIT AM MEER

1 Bund Basilikum, grob gezupft
2 Knoblauchzehen, fein gehackt
Oliven in Knoblauchöl, fein geschnitten
16 Scheiben Parmaschinken,
 dünn geschnitten
Pfeffer, grob gemahlen
4 Stück Seeteufel-Endstücke (à ca. 150 g)
 oder ein anderer Fisch mit festem weißem Fleisch

Öl für die Form oder das Backblech
ofenfestes Papier

Basilikum, Knoblauch, Oliven und etwas Öl von den Oliven in einer
Schüssel mischen.

Je 4 Scheiben Schinken nebeneinander auf ofenfestem Papier
anordnen und die Mischung über den Scheiben verteilen.

Den mit grobem Pfeffer eingeriebenen Fisch in den Schinken rollen
und die Rollen in eine ofenfeste Form oder auf ein Backblech legen
(kein Salz mehr hinzufügen, denn durch den Parmaschinken ist das
Gericht schon gut gesalzen).

Im vorgeheizten Backofen bei 200 °C (Umluft 180 °C) auf mittlerer
Schiene ca. 15–20 Min. garen.

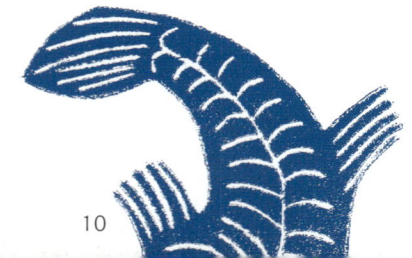

HUMMER-CREMESUPPE

1 kräftiger Schuss Olivenöl zum Anbraten
Reste von 2 gekochten Hummern
   (Schalen und Beine)
1 Lauchstange, fein geschnitten
1 große Karotte, klein gewürfelt
2 Schalotten, fein geschnitten
2 große Knoblauchzehen, gehackt
2 Stängel Thymian
2 Zweige Rosmarin

1 EL Tomatenpüree
1 kräftiger Schuss Cognac
200 ml Weißwein
3 Würfel Fischbrühe, in ca.
   1 l kochendem Wasser aufgelöst
2 EL Reis zum Binden
125 g Sahne
Pfeffer
Salz

Olivenöl in einem großen Topf erhitzen. Hummerreste zusammen mit Lauch, Karotte, Schalotten, Knoblauch, Thymian und Rosmarin in den Topf geben und gut verrühren. Tomatenpüree hinzufügen und ca. 3 Min. mit anbraten. Weiter kräftig rühren, um möglichst viel Geschmack aus den Hummerresten zu ziehen. Das Ganze mit Cognac und Wein ablöschen und den Alkohol etwa 1 Min. verdampfen lassen. Die Fischbrühe zusammen mit dem Reis in den Topf geben und alles 35 Min. bei geringer Hitze köcheln lassen.

Die Suppe abseihen. Dabei mit einem Kochlöffel alle Hummer- und Gemüsereste durch ein Sieb pressen. Sahne in die Suppe rühren und noch einmal kurz aufkochen lassen. Mit Pfeffer und Salz abschmecken.

TIPP:

Die Hummerschalen können durch Reste von Langusten, holländische Garnelen oder Ostseegarnelen ersetzt werden. Dann wird diese edle Suppe gleich ein wenig günstiger.

So werden Hummer zerlegt: Ein großes Messer auf dem Hummerkopf ansetzen (wenn man gut hinschaut, sieht man dort ein Kreuz) und in einer fließenden Bewegung nach unten schneiden. Hummer umdrehen und auch die andere Seite der Länge nach durchschneiden. Den Magen aus der Vorderseite des Kopfes nehmen und das Schwanzfleisch auf Darmkanäle überprüfen; diese auch entfernen. Mit dem Messer auf die Scheren schlagen, damit sie aufbrechen. Das Fleisch kann dann leicht herausgepult werden. Auch die Ellbogen können ausgepult werden.

DAVE'S APPLE CRUMBLE

ca. 500–700 g Äpfel (Birnen oder Mangos gehen auch gut)
100 g Butter
125 g Mehl
125 g Zucker
abgeriebene Schale von 1 unbehandelten Zitrone, nach Geschmack

Backofen auf 180 °C (Umluft 160 °C) vorheizen.

Äpfel schälen, in große Stücke schneiden und in eine leicht gebutterte Auflaufform geben.

Butter, Mehl, Zucker und Zitronenschale in eine Schüssel geben und mit den Fingerspitzen kneten, bis grobe Krümel entstehen.

Die Krümel über das Obst geben und in den vorgeheizten Backofen stellen. Ca. 45 Min. backen – oder ganz schnell in der Kombi-Mikrowelle: auf 180 °C und 360 Watt in 15 Min.

Das Gericht ist fertig, wenn es eine appetitlich-braune Kruste bekommen hat und das Obst leicht brodelt, also kocht.

TIPP:
Lecker mit einer Kugel Vanilleeis, Vanillesauce (Vla, siehe S. 94) oder am nächsten Morgen zum Frühstück!

WAT MOET HET JE TEGENZITTEN!
WAT MOET IK MIJN STRAF VERDIENEN!
IK WERK DE DAGEN WEKEN WEG
ALS KOUDGEWORDEN PAP
HOOR MIJ TOCH MIJN LIEF: MAAK VOORT!
ZEKER NU HET ZOMER WORDT
EN IEDEREEN IN'T OPENBAAR
GAAT ZITTEN ZOENEN MET ELKAAR

Stört es dich denn ach so sehr, / mach es mir doch nicht so schwer! /
Tage und Wochen gehen vorbei, wie zäh gewordener Brei. /
Hör doch, Liebchen, nun mach hin! / Gerade jetzt zu Sommerbeginn,
da jedermann an jedem Orte / sich küsst ohne viele Worte.

RATATOUILLE

2 Zwiebeln
2 Knoblauchzehen
1 rote Paprika
1 Aubergine
1 Zucchini
150 g Champignons
2 Schuss Olivenöl zum Anbraten
1 kg frische Tomaten, gehäutet (oder 400 g Tomaten aus der Dose)
300 ml Wasser
frische Gewürze: Oregano, Thymian, Majoran und Petersilie
Pfeffer aus der Mühle
Meersalz

Zwiebeln und Knoblauchzehen kleinschneiden, Paprika, Aubergine, Zucchini und Champignons in große Stücke.

Einen Schuss Olivenöl in einer großen Pfanne erhitzen und Zwiebeln und Knoblauch darin anschwitzen, bis sie glasig, aber nicht braun sind. Alles Gemüse außer den Tomaten hinzugeben und 5 Min. anbraten, bis es Farbe annimmt.

Tomaten, Wasser und Kräuter zufügen und bei geringer Hitze 1 Std. zugedeckt köcheln lassen. Ab und zu umrühren. Den zweiten Schuss Olivenöl unter das Ratatouille ziehen und mit frisch gemahlenem Pfeffer und Meersalz abschmecken.

Warm oder auf Zimmertemperatur servieren.

LEONORAS BITTERMANDELMAKRONEN-BAVAROIS

1 Tüte Bittermandelmakronen
2 kräftige Schuss Amaretto
3 Blatt Gelatine
250 g Sahne
4 Eiweiß
50 g Zucker
250 g Mascarpone

Bittermandelmakronen in einer stabilen Tiefkühltüte mit dem Nudelholz zerkleinern und in Amaretto einweichen.

Gelatine in reichlich kaltem Wasser einweichen. Einen kräftigen Schuss Amaretto zum Kochen bringen und die ausgedrückte Gelatine darin auflösen, sobald der Topf vom Feuer ist.

Sahne fest, aber nicht ganz steif schlagen und danach in getrennter Schüssel die Eiweiße. Zucker langsam zufügen und zu sehr festem Eischnee schlagen.

Mascarpone in einer großen Schüssel glattrühren und die Sahne unterziehen. Danach den Eischnee locker unter die Masse heben.

Bittermandelmakronen und Gelatinemischung hinzufügen.

In einer großen Schüssel oder in verschiedenen kleinen Schalen im Kühlschrank fest werden lassen.

ELISABETH JONKERS: TRAURIG, ABER WAHR: IN DER KUNST UND BEIM KOCHEN GEHT ES MANCHMAL MEHR UM INTENTION ALS UM ESSENZ.

Auch lecker mit Cashewnüssen und/oder Blauschimmelkäse.

SPINATTORTE

Für eine Springform (24 cm ø)

1 große Zwiebel, geschnitten	600 g frischer Spinat, gewaschen
2 Knoblauchzehen, fein gehackt	etwas Butter
Olivenöl zum Anschwitzen	500 g Blätterteig (aufgetaut)
500 g Champignons, in großen Stücken	4 Eier
Salz & Pfeffer	250 g Crème fraîche
½ EL frisch gemahlene Muskatnuss	150 g Parmesan

Zwiebeln und Knoblauch in Olivenöl in einem großen Topf glasig anschwitzen. Champignons, Salz, Pfeffer und Muskatnuss hinzufügen und etwa 10 Min. braten. Spinat dazugeben und kochen, bis er zusammengefallen ist. Die Mischung in ein Abtropfsieb geben und mit der Rückseite eines Holzlöffels die Flüssigkeit aus dem Spinat drücken.

Die Springform mit etwas Butter einfetten und Boden und Rand mit Blätterteigscheiben auslegen. Spinatmischung gleichmäßig darauf verteilen.

Eier, Crème fraîche, Parmesan, Pfeffer und Salz in einer Schüssel verquirlen und über den Spinat gießen.

Im vorgeheizten Backofen auf mittlerer Schiene bei 180 °C (Umluft 160 °C) 30–40 Min. backen.

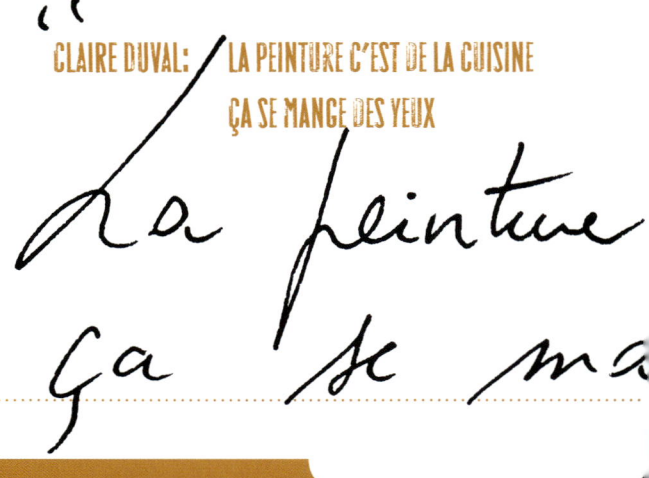

APFEL-ZITRONEN-KUCHEN

4–6 Äpfel (je nach Größe)
1 unbehandelte Zitrone
50 g Butter
100 g Zucker
2 Eier
100 g Mehl
1 TL Backpulver
Fett für die Form

Äpfel schälen und in kleine Stücke schneiden, Zitronenschale abreiben und Zitrone auspressen. Die Butter in einem Topf zerlassen.

Zerlassene Butter, Zucker, Eier und Zitronensaft in einer großen Schüssel mischen, Mehl und Backpulver hinzufügen und zu einem glatten Teig rühren. Äpfel und abgeriebene Zitronenschale unter den Teig ziehen und in die gefettete Springform geben.

Den Kuchen ca. 30 Min. im vorgeheizten Backofen bei 180 °C (Umluft 160 °C) backen.

TIPP:
Köstlich mit Vanillesauce (Vla, siehe S. 94) oder Vanilleeis!

c'est de la cuisine
ge des yeux ."

DANNYS CURRYHÜHNCHEN MIT PASTA

1 Zwiebel
1 Zucchini
1 reife Mango
500 g Hähnchenbrust
5–6 EL Olivenöl

100–150 g grüne Currypaste
Salz & Pfeffer
125 g Sauerrahm
½ EL Limonensaft
700 g Nudeln

Wasser für die Nudeln aufsetzen und Zwiebel, Zucchini, Mango und Hähnchenbrust in Würfel schneiden.

2 EL Öl in einem Wok oder einer großen Pfanne erhitzen und die Zwiebel anbraten, bis sie weich ist. Currypaste hinzufügen und etwa 3 Min. mitbraten.

Die Mischung an eine Seite von Wok oder Pfanne schieben und das restliche Olivenöl hinzufügen. Bei mittlerer Hitze Hähnchenstücke darin braten, bis sie gebräunt und gar sind. Mit Salz und Pfeffer würzen, die Currypaste und das Hähnchen vermengen und noch etwa 3 Min. braten. Sauerrahm, Limonensaft und Mangowürfel hinzufügen und gut umrühren.

Nudeln ins kochende Wasser geben und die Zucchiniwürfel in den letzten 5 Min. der Kochzeit hinzugeben (oder bei frischen Nudeln 3 Min., bevor die Nudeln in den Topf kommen).

Sobald die Nudeln gar sind, abgießen und mit dem Curry auftragen.

TIPP:
Das Gericht kann auch gut im Vorhinein zubereitet und später aufgewärmt werden, während die Nudeln und die Zucchini kochen.

THUNFISCH IN SCHARFEM ÖL

500 g frischer Thunfisch oder Lachs
3 EL weiße Sesamsamen
50 ml Sojasauce
50 ml Ketjap Manis
etwas Wasabi
2 Knoblauchzehen
100 ml Sesamöl
100 ml Olivenöl

Thunfisch in 5 mm dicke Scheiben schneiden und in eine hitzebeständige
Schale mit niedrigem Rand legen. Sesam ohne Fett in einer Pfanne rösten.

Sojasauce und Ketjap Manis mischen und nach Geschmack mit Wasabi
würzen. Diese Mischung über den Fisch geben. Ein wenig Knoblauch
darüberpressen und mit Sesam bestreuen.

Sesamöl und Olivenöl in einer kleinen Pfanne erhitzen, bis das Öl raucht.
Die Mischung vorsichtig über den marinierten Fisch gießen.

TIPP:
Sofort essen!

TARTE TATIN FÜR JULIA

Für eine Tarte-Tatin-Pfanne oder eine andere ofenfeste Pfanne (24 cm ø)

Für den Teig:
100 g Mehl
60 g Farinzucker
75 g Butter
abgeriebene Schale von
    1 unbehandelten Zitrone
etwas Wasser

Für die Füllung:
40 g Butter
100 g Farinzucker
jeweils 5–6 Pfirsiche (nicht zu reif),
    Birnen oder Äpfel, geviertelt

Für den Teig mit den Fingerspitzen (oder in der Küchenmaschine) Mehl, Zucker und Butter zu einem krümeligen Teig kneten. Zitronenschale hinzufügen und einen kleinen Schuss Wasser. Zu einer geschmeidigen Kugel kneten und an einem kühlen Ort ruhen lassen. Backofen auf 200 °C (Umluft 180 °C) vorheizen.

Für die Füllung Butter und Zucker in einer ofenfesten Pfanne (oder in einer speziellen Tarte-Tatin-Form) bei mittlerer Hitze schmelzen, bis die Mischung sirupartig wird. Obst auf die Zuckermischung legen und 15 Min. bei geringer Hitze braten. Der Zucker wird karamellisieren. Aufpassen, dass er nicht verbrennt! Das Obst nicht bewegen. Bei feuchtem Obst kann es etwas länger dauern, bevor dieser Prozess vollendet ist. Vom Feuer nehmen.

Teig auf das Format der Pfanne ausrollen und über die Mischung legen. An den Seiten um das Obst festdrücken und in den vorgeheizten Backofen stellen. Die Tarte 20 Min. auf 200 °C (Umluft 180 °C) backen. Weitere 10 Min. bei 160 °C (Umluft 140 °C) backen, bis die Tarte eine hübsche braune Kruste hat und das Obst brodelt. Dann aus dem Ofen nehmen. Einen Teller auf die Pfanne legen und schnell umdrehen, solange die Tarte noch warm ist.

Die Tarte noch warm mit Vanilleeis oder Vanillesauce servieren.

KNUSPRIGE CAMEMBERT-TÖRTCHEN MIT BIRNE

Für 4 flache, ofenfeste Förmchen
4 Blätterteigplatten (Gefrierfach)
etwas Butter und Mehl
75 g roher Schinken, in Scheiben (ohne Fettrand)
100 g Camembert
1 reife Birne
Honigvinaigrette ⟶ *3 EL Olivenöl (extra vergine), 1 EL Weißweinessig, 1 EL Honig, 1 TL Senf, Salz und Pfeffer aus der Mühle*
2 Handvoll Feldsalat
Pfeffer aus der Mühle

Die Blätterteigplatten auf der Arbeitsplatte ausbreiten und auftauen lassen. Förmchen mit Butter einfetten und mit Mehl bestäuben. Schinken in Streifen schneiden und Camembert in kleine Stücke. Alles mischen.

Birne schälen und vierteln, Gehäuse entfernen und die Viertel in gleichmäßige Scheiben schneiden. Blätterteig auf die ofenfesten Förmchen verteilen und überstehende Reste abschneiden. Schinken und Camembert hineingeben und fächerförmig mit Birnenscheiben bedecken.

Ca. 25 Min. in den vorgeheizten Backofen (175 °C, Umluft 155 °C) stellen, bis der Blätterteig eine goldgelbe Farbe angenommen hat und sich von der Form löst. Wenn der Teig noch zu blass ist, 5 Min. länger im Backofen lassen. In der Zwischenzeit in einer Schüssel eine dicke Honigvinaigrette schlagen.

Die Törtchen aus den Förmchen stürzen, den Feldsalat mit der Vinaigrette vermischen und alles auf vier Tellern anrichten. Kräftig mit frisch gemahlenem Pfeffer würzen.

Dies ist ein Rezept aus einem tollen Kochbuch von Karin Luiten: Kochen mit Karin – kleiner Aufwand, große Wirkung. Ihre Rezepte findet man auch – ebenso nur auf niederländisch – unter www.kokenmetkarin.nl

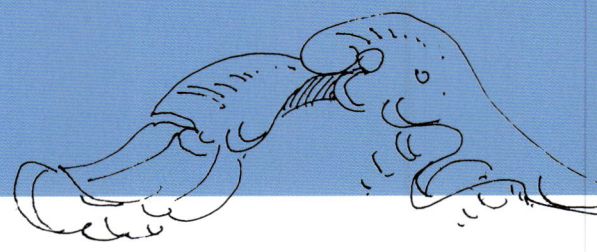

GIGOT D'AGNEAU AUS DANCÉ

Lammkeule

1 Lammkeule mit Knochen (ca. 2 kg)
Salz und grob gemahlener Pfeffer
ein paar Knoblauchzehen, längs halbiert
100 g Butter in Würfeln
Thymianstängel
Rosmarinzweige
Rotwein

Backofen auf 180 °C (Umluft 160 °C) vorheizen.

Fleisch mit Salz und grob gemahlenem Pfeffer einreiben, dann mit einem Messer an einigen Stellen einkerben und mit den Knoblauchzehen spicken.

Die Lammkeule mit Butter, Thymianstängel und Rosmarinzweigen in eine ofenfeste Form legen.

In den Backofen stellen und die Keule in 1½ bis 2 Std. garen (je nach Gewicht der Keule und wie rosa das Fleisch sein soll). Das Fleisch von Zeit zu Zeit mit der Butter begießen und nach etwa 30 Min. einen kräftigen Schuss Rotwein hinzugeben.

TIPP:

Köstlich mit Kartoffelpüree, dem Ratatouille von Seite 16 und einem Glas Wein.

BARBARA WICHERS HOETH: KULTUR IST, WAS UNS VERBINDET, KUNST IST, WAS UNS TRENNT.

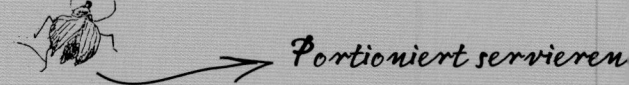

Portioniert servieren

BROT-EIS

Für eine Brot- oder Kastenform
50 g Haselnüsse, fein gehackt
75 g dunkle Brotkrümel
50 g brauner Zucker
300 g Sahne
Vanilleessenz
3 Eiweiß
115 g Farinzucker

(Das Brot-Eis muss mind. 24 Std. in die Tiefkühltruhe. Zubereitung daher am Tag vor dem Verzehr)

Den Grill einschalten.

Haselnüsse, Brotkrümel und braunen Zucker mischen und auf einem Backblech unter den Grill geben. Die Mischung soll schön braun werden, aber nicht verbrennen! Gut abkühlen lassen.

Sahne mit etwas Vanilleessenz schlagen.

Eiweiß in einer Schüssel schlagen, bis es steif ist, dabei Farinzucker nach und nach zufügen.

Eiweißschnee, Schlagsahne und Brotkrümelmischung vermengen und in eine Brot- oder Kastenform füllen.

Oberfläche glattstreichen und mind. 24 Std. in die Tiefkühltruhe stellen.

Auch nett: Das Eis aus der Form auf einen Teller stürzen und Scheiben daraus schneiden

wat aus bindt
; wat aus scheidt

BARBARA WICHERS HOETH: „.... MAHLZEITEN, DIE SO RAFFINIERT
SIND, DASS MAN MEINT, DAVON
INTELLIGENTER ZU WERDEN."

NACH BENOÎTE GROULT:
SALZ AUF UNSERER HAUT

CHRISTINAS CREMESÜPPCHEN

2 Zwiebeln, klein gewürfelt
1 Knoblauchzehe, gehackt
1 kräftiger Schuss Olivenöl
300 Champignons, fein geschnitten
1 Zucchini, fein geschnitten (oder anderes vorhandenes Gemüse)
Mehl
1 Brühwürfel
500 ml Milch
Petersilie zum Garnieren

Zwiebeln und Knoblauch in Öl anschwitzen. Champignons, Zucchini (oder anderes Gemüse) und zuletzt 1 EL Mehl hinzugeben und unter Rühren anschwitzen. Brühwürfel zerkrümeln und zusammen mit der Milch zufügen. Gründlich verrühren und zum Kochen bringen. 5 Min. bei geringer Hitze köcheln lassen.

Mit einem Stabmixer bis zur gewünschten Konsistenz pürieren und mit Petersilie garnieren.

TIPPS:

Mit mehr oder weniger Milch wird die Suppe dünner oder dicker.
Auch köstlich als Nudelsauce!

NICOLE LADRAK: EIN WUNDERBARER MOMENT – IN DEN TÖPFEN BRODELT ES, ALLES IST AUFGERÄUMT UND DER TISCH SCHÖN GEDECKT.

TOMATENHÄHNCHEN MIT OLIVEN

ca. 12 Hähnchenschenkel
Salz
Pfeffer
4 Zwiebeln, in kleinen Würfeln
2 Knoblauchzehen, gehackt
Olivenöl zum Anbraten
italienische Kräuter (u.a. frisches Basilikum, Thymian)
80 g Tomatenmark (1 kleine Dose)
grüne Oliven, entsteint, eventuell mit Knoblauch gefüllt, nach Belieben

Hähnchenschenkel mit Salz und Pfeffer würzen. Zwiebeln und Knoblauch in etwas Öl anschwitzen. Schenkel hinzugeben und knusprig anbraten.

Kräuter hinzugeben, ebenso Tomatenmark und Oliven. Das Ganze 1½ Std. bei kleiner Hitze köcheln. Ab und zu umrühren und falls nötig, etwas Wasser hinzufügen.

TIPPS:

Mit selbst gebackenem Brot, Kartoffeln, Couscous oder Nudeln servieren.

Das Gericht schmeckt besonders köstlich, wenn man es erst am nächsten Tag verzehrt, weil dann die Kräuter so richtig in das Huhn gezogen sind.

Der Duft von frisch gebackenem Brot ... das ist wahrer Genuss!

VANILLESPEISE, RHABARBERKOMPOTT, MANDELGEBÄCK

Für die Vanillespeise:
1 kg Naturjoghurt (3,8 %)
Mark von 1 Vanilleschote
200 g Sahne
75 g Puderzucker

Für das Rhabarberkompott:
500 g Rhabarberstängel • 100 g Zucker • 100 g Erdbeerlikör

Für das Mandelgebäck:
75 g Farinzucker
½ TL Zimt
30 g Butter, geschmolzen
25 g Mehl
25 g Mandelblätter

Für die Vanillespeise am Vortag ein sauberes, feuchtes Geschirrtuch nehmen, ein Sieb und eine Schüssel. Das Sieb auf die Schüssel legen und mit dem Geschirrtuch auskleiden. Joghurt auf das Geschirrtuch geben und mit dem Tuch bedecken. 24 Std. in den Kühlschrank stellen. Am nächsten Tag Flüssigkeit abgießen und die übrig gebliebenen festen Bestandteile in eine Schüssel geben. Vanillemark hinzufügen. Sahne ohne Zucker schlagen, bis sie so dick ist wie Quark. Schlagsahne unter die Vanillespeise heben und den Puderzucker unterrühren.

Für das Kompott den Rhabarber waschen; nur die roten Teile verwenden. Eine Hälfte in 1 cm große Stücke und die andere Hälfte in Stücke von ½ cm schneiden. Zucker und Erdbeerlikör in einem Topf bei niedriger Hitze zu einem leichten Karamell einkochen (10 bis 15 Min.). Den grob geschnittenen Rhabarber hinzufügen. Das Karamell muss stocken.

Gut rühren, damit der Rhabarber zerfällt, Flüssigkeit verliert und ein dicker Brei entsteht. Vom Feuer nehmen. Rhabarber mit einem Stabmixer pürieren und das Mus wieder aufs Feuer stellen. Den restlichen Rhabarber hinzugeben und langsam garen lassen, bis die Würfel bissfest sind. Vom Feuer nehmen, abkühlen lassen und in den Kühlschrank stellen, bis es eiskalt ist. Eventuell nach dem Abkühlen mit etwas (feinem) Zucker nachsüßen, wenn das Mus zu sauer ist.

Für das Mandelgebäck Zucker und Zimt in einer Schüssel mischen. Butter zufügen und nach und nach mit Mehl und Mandeln zu einem festen Teig vermengen. Gefettetes Backpapier auf ein Backblech legen. Kügelchen von 2 cm Dicke formen und mit einem Zwischenraum von etwa 8 cm auf dem Blech anordnen. Mandelgebäck in 5 Min. im vorgeheizten Backofen (180 °C, Umluft 160 °C) knusprig backen. Sofort vom Blech nehmen und abkühlen lassen.

ZITRONENTARTE

Für eine Tarteform (24 cm ø)

Für den Teig:

100 g Mehl
75 g Butter
100 g weißen Farinzucker
1–2 EL Wasser
Fett für die Form

Für die Füllung:

4 Eier
100 g Zucker
150 g Sahne
abgeriebene Schale und Saft
    von 3 unbehandelten Zitronen
50 g weiche Butter

Für den Teig Mehl, Butter und Zucker mit den Fingerspitzen oder in der Küchenmaschine zu einem krümeligen Teig verreiben. Erst 1 EL Wasser hinzugeben, falls notwendig, auch den zweiten. Teig geschmeidig kneten und zu einer Kugel formen.

Auf einer bemehlten Arbeitsfläche zu einem Fladen ausrollen und die Tarteform sehr dünn damit auskleiden. (Überstehenden Teig wegschneiden, denn ein dicker Teigboden schmeckt nicht.) ½ Std. in den Kühlschrank stellen.

Backofen auf 180 °C (Umluft 160 °C) vorheizen.

Für die Füllung Eier, Zucker, Sahne, abgeriebene Zitronenschale und Zitronen-saft in eine Schüssel geben und schaumig schlagen. Weiche oder geschmol-zene Butter hinzufügen, die Mischung gut verrühren und über den Teigboden gießen.

In den Backofen stellen und ca. 45 Min. backen. Backofentemperatur auf 150 °C (Umluft 130 °C) reduzieren und weitere 10 Min. backen. Der Zitronenkuchen ist fertig, wenn der Boden und die Zitronenschicht eine schöne braune Farbe bekommen haben. Vor dem Servieren gut abkühlen lassen.

MARIA DE GROOT: MAN GEBE MIR PINSEL UND PALETTEN, STATT TÖPFE UND PFANNEN, ICH MALE LIEBER.

TINTENFISCH VOM GRILL

16 kleine Tintenfische (Sepias)
2 Knoblauchzehen, fein gehackt
1 kräftiger Schuss Olivenöl
Zitrone zum Garnieren
Petersilie zum Garnieren
Salz & Pfeffer aus der Mühle

Tintenfische waschen und Knoblauch in kleine Stücke schneiden. Zusammen in eine Schüssel legen und einen kräftigen Schuss Olivenöl dazu geben. Mind. ½ Std. marinieren.

Tintenfisch bei mittlerer Hitze auf jeder Seite 3 Min. in einer Grillpfanne grillen.

Sofort mit Zitrone, ein wenig Petersilie und frisch gemahlenem Pfeffer und Salz servieren.

TIPP:
Sieht hübsch aus auf ein paar Blättchen Rucola mit etwas Öl und Balsamico.

je laten verleiden door zinneprikkelende (kook) kunsten

VERFÜHRERISCHES REZEPT

700 g Tagliatelle
2 rote Paprikaschoten, in groben Stücken
2 Knoblauchzehen, fein gehackt
Olivenöl zum Anbraten
1 Päckchen Krabbensticks (Asialaden)
250 g Crème fraîche
1 Gläschen eingelegte Ingwerkugeln (Asialaden)
300 g geräucherter Lachs
Pfeffer aus der Mühle
2 EL Ketjap Manis (Asialaden)
Koriander zum Garnieren

Tagliatelle al dente kochen.

In der Zwischenzeit: Paprika und Knoblauch in Olivenöl sanft anschmoren und in schmale Scheiben geschnittene Krabbensticks hinzufügen. Crème fraîche einrühren und 1 EL Saft aus dem eingelegten Ingwer sowie einige zerkleinerte Ingwerkugeln in die Sauce geben. Lachs hinzufügen und das Ganze mit ein wenig frisch gemahlenem Pfeffer und Ketjap Manis abschmecken (kein zusätzliches Salz verwenden!).

Sauce über Tagliatelle geben und mit etwas frischem Koriander garnieren

TIPPS:
Nicht zu lange kochen, das Gericht darf keine breiige Konsistenz bekommen. Schmeckt gut mit grünem Salat oder grünem Spargel.

INDONESISCHE HACKFLEISCHBÄLLCHEN

200 g Rinderhackfleisch
Salz
Pfeffer
Sambal
3 Zwiebeln, fein gewürfelt
4 Knoblauchzehen, fein gehackt

Öl zum Anbraten
4 EL Ketjap Manis (Asialaden)
500 g Weißkohl, in schmalen Streifen
100 g Santen (gepresste Kokosnussblöcke, Asialaden)
1 Brühwürfel

Hackfleisch mit Salz, Pfeffer und Sambal mischen und zu Bällchen rollen. Diese ca. 10 Min. in etwas kochendem Wasser garen.

Die Hälfte der Zwiebeln mit der Hälfte des Knoblauchs in Öl anbraten. Die abgetropften Hackfleischbällchen kurz mitbraten und danach einen Schuss der Hackfleisch-Kochflüssigkeit hinzufügen. Mit 4 EL Ketjap Manis würzen und köcheln lassen, bis die Flüssigkeit eingekocht ist. Eventuell noch etwas Ketjap Manis hinzufügen.

In der Zwischenzeit die andere Hälfte der Zwiebeln, Knoblauch und Sambal in einer Pfanne im Öl anschwitzen. Den Kohl dazugeben und 5 Min. unter ständigem Rühren anbraten. 200 ml Wasser, Brühwürfel und Santen hinzufügen. Weitere 3 Min. köcheln lassen.

TIPP:

Mit Reis, Krabbenbrot und Atjar (sauer eingemachtes Gemüse auf indonesische Art, Asialaden) servieren.

Meine Studienfreundin Karin ging damals ...

mit einem Studenten der Physik, einem Fach, vor dem wir Geisteswissen-
schaftler Respekt hatten. Dazu kam, dass er auch auf manch anderem Gebiet
ein Ass war. Er konnte eigentlich alles. Es war Ende der Siebzigerjahre, die
Zeit, in der alle Mädchen strickten. Sogar in der Vorlesung konnte man die
Nadeln klappern hören. „Bring mir das auch bei", sagte der Freund zu Karin.
Zwei Wochen später war sein erster Pullover fertig. So viel Eifer war ihr
unerträglich. Sie machte Schluss. Zum Glück hatte ich schon ein paar Rezepte von ihm bekommen, denn Kochen konnte er selbstverständlich auch ganz
ausgezeichnet. Seine indonesischen Hackfleischbällchen mache ich heute noch.

MARIJKES SOMMERPASTA

6 EL Olivenöl
2 EL Weinessig
Salz
Pfeffer aus der Mühle
3–4 reife Tomaten
2 Handvoll frisches Basilikum
200 g kalter Gorgonzola
400 g Spaghetti

In einer großen Salatschüssel aus Olivenöl, Essig, Salz und Pfeffer eine Vinaigrette herstellen. Die Tomaten in kleine Würfel schneiden, zusammen mit grob gezupftem Basilikum in die Vinaigrette geben (ein paar lose Blätter zum Garnieren zurückbehalten).

Gorgonzola in kleine Würfel schneiden.

Nudeln al dente kochen und sofort in die Vinaigrette geben.

Gorgonzola darüber verteilen und das Ganze gut mischen.

Mit zurückbehaltenem Basilikum garnieren und sofort servieren.

TIPP:
Der Käse schneidet sich leichter, wenn er kühl ist.

PIKANTE MOZZARELLA-TARTE

Für eine Spring- oder Tarteform (24 cm ø) oder 4 ofenfeste Schälchen
4–6 Scheiben Blätterteig, aufgetaut
2 Kugeln Mozzarella, in Scheiben
2 Knoblauchzehen
Pfeffer aus der Mühle
Salz
Thymian

Mit den Blätterteigscheiben den Boden der Form oder die Schälchen auskleiden.

Mozzarellascheiben auf den Blätterteig legen, Knoblauch darüberpressen und mit Pfeffer, Salz und Thymian nach Geschmack würzen.

Etwa 15 Min. im vorgeheizten Backofen bei 180 °C (Umluft 160 °C) backen. Die Tarte ist fertig, wenn der Teig knusprig ist und der Mozzarella geschmolzen. Warm servieren.

Köstlich mit einem Glas Rotwein!

ANDREA LETTERIE: ICH SCHEUE MICH NICHT, EIN GERICHT ODER EIN BILD ZU VERÄNDERN, ABZUKRATZEN, ANZUPASSEN ODER UMZUWERFEN.

ERDBEER-QUARK-TORTE

Für eine Springform (20 cm ø)
60 g Butter
1 Päckchen Bastogne-Gebäck,
  12–16 Kekse (dunkle Vollkornkekse)
50 g Haselnüsse
Fett für die Form

7 Blatt weiße Gelatine
500 g Erdbeeren oder Himbeeren
100 ml Erdbeersaft
  (alternativ Sirup oder Orangensaft)
500 g Quark
200 g weißer Farinzucker
frische Minze, fein geschnitten und zum Garnieren
250 g Sahne

Butter zerlassen. Kekse und Haselnüsse in der Küchenmaschine zerkleinern. Butter unter die Krümel ziehen und das Keksgemisch auf den Boden der gefetteten Springform drücken. (Geht gut mit der Rückseite eines Esslöffels.)

Gelatine in reichlich kaltem Wasser einweichen und Obst säubern. Die Hälfte der Früchte in kleine Stücke schneiden und die andere Hälfte zum Garnieren beiseitestellen. Fruchtsaft in einem Stieltopf erwärmen. Gelatine gut ausdrücken und unter Rühren im warmen Saft auflösen. Mischung abkühlen lassen, bis sie lauwarm ist.

Quark, Zucker und Gelatinemischung gut verrühren und das Obst unterheben. Minze hinzufügen. Sahne steifschlagen und unter die Quarkmasse heben.

Quarkmasse auf dem Keksboden verteilen und die Torte mind. 3 Std. im Kühlschrank fest werden lassen.

Mit restlichem Obst und der Minze garnieren.

ein paar hübsche Schüsselchen für die Saucen ...

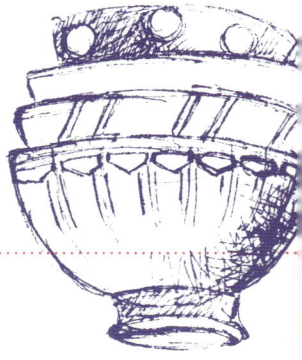

ARTISCHOCKEN

4 schöne Artischocken

Für die Vinaigrette:

6 EL Olivenöl
1 Knoblauchzehe, gepresst
½ EL Farinzucker
Salz
Pfeffer aus der Mühle
1 EL Senf
2 EL Weinessig

Für die Whiskysauce:

5 EL Mayonnaise
1 EL Ketchup
1 Zwiebel, fein geschnitten
Pfeffer aus der Mühle
1 Knoblauchzehe, gepresst
2 EL Whisky

Ein Stück des Artischockenstils abschneiden und die untersten Blätter entfernen. Artischocken in reichlich Wasser* mit einem Schuss Essig und etwas Salz 30 bis 40 Min. kochen und mit den Dipsaucen servieren.

TIPPS:

Die Artischocken sind gar, wenn sich die Blätter leicht herauslösen lassen. Die Blätter einzeln lösen und mit den Zähnen den weichen Teil an der unteren Innenseite der Blätter abschaben. Wenn das Innere erreicht ist, das »Stroh« entfernen. Übrig bleibt der köstliche Artischockenboden.

*beim Kochen einen schweren Teller auf die Artischocken legen, um sie unter Wasser zu halten

*Arti

sjoK

ZABAIONE TIEPIDO

4 frische Eigelb
6 EL sehr feiner Zucker
6 EL trockener Marsala

Mit einem Schneebesen Eigelbe und Zucker zusammen in einer Schüssel zu einer hellgelben und schäumenden Mischung aufschlagen.

Marsala hinzufügen, die Schüssel auf einen Topf stellen, in dem ein wenig Wasser am Kochen gehalten wird, und die Mischung über dem warmen Dampf in wenigen Minuten zu einer sehr lockeren, weich gebundenen Creme schlagen, die allen Marsalawein aufgenommen hat.

Die lauwarme Zabaione in kleine Becher oder Gläser füllen und sofort servieren.

TIPP:
Die Creme darf nicht über 60 °C erwärmt werden, sonst gerinnt das Eigelb.

– mit Dank an Florine Boucher –

HERZHAFTER WINTERRISOTTO

1 ½ l Fleischbrühe (oder 1 Glas Fleischfond,
    mit Wasser auf 1 ½ l verlängert)
Olivenöl zum Anbraten
1 große Zwiebel, fein geschnitten
1–2 Knoblauchzehen, fein gehackt
250 g Champignons, in Stücke geschnitten
250 g Austernpilze, in Stücke geschnitten

200 g Hackfleisch
250 ml Rotwein
500 g Risottoreis
Pfeffer & Salz
50 g Butter
75 g Parmesan
1 Handvoll Petersilie

Die Brühe bei geringer Hitze warm halten.

Einen kräftigen Schuss Olivenöl in einem Wok oder einer Bratpfanne mit dickem Boden erhitzen und Zwiebel anschwitzen, bis sie weich und glasig ist. Knoblauch, Champignons, Austernpilze und Hackfleisch hinzufügen und gut anbraten. Rotwein hinzugeben und köcheln, bis er eingedampft ist. Risottoreis sorgfältig unter die Mischung rühren. Zwei Suppenkellen voll Brühe auf den Reis geben und mit Pfeffer und Salz würzen. Temperatur reduzieren und das Risottogericht alle paar Minuten umrühren. Regelmäßig eine Kelle Brühe hinzufügen, damit der Reis die Flüssigkeit nach und nach aufnimmt. Risotto nach 20 Min. kosten. Wenn der Reis gar ist, Butter und Parmesan unterziehen.

Mit weiterem geriebenen Parmesan und Petersilie servieren.

TIPP:
Der Reis muss weich, aber noch bissfest sein, dabei sämig und noch ein wenig feucht.

Köstlich mit Rucolasalat!

MOUHAMARRA – MAROKKANISCHE PASTE

1 Glas gegrillte Paprikaschoten (à 340 g)
50 g Walnusskerne
1 Scheibe Weißbrot mit Kruste
1 Messerspitze Sambal
1 EL Honig
1 kleine Knoblauchzehe
1 Schuss gutes Olivenöl
Pfeffer aus der Mühle
Salz
1 EL Zitronensaft

Paprikaschoten abtropfen lassen und dafür sorgen, dass sie keine weißen Kerne mehr haben. Alle Zutaten in eine Küchenmaschine geben und zu einer glatten Creme pürieren.

TIPP:

Mouhamarra schmeckt köstlich auf Toast oder Fladenbrot, das kurz im Ofen aufgebacken wurde.

15/20 Michele Pleuro

Danae Roberts '95

SEEZUNGE MIT THUNFISCHCREME

Für die Thunfischcreme:
1 Dose Thunfisch in Öl, abgetropft
Pfeffer
Salz
1 EL Kapern, abgetropft
1 Prise Zucker
1 kleine Zwiebel, fein gehackt
1 EL Weißwein
1 EL Joghurt
½ EL Zitronensaft
2 EL Mayonnaise

Für den Fisch:
Pfeffer & Salz
8 Seezungenfilets
  (oder filetierter Seeteufel)
Butter zum Anbraten
Rucola und frischer Dill zum Garnieren

Für die Fischcreme Thunfisch mit Pfeffer, Salz, Kapern, Zucker, Zwiebel, Wein, Joghurt, Zitronensaft und Mayonnaise in einen Standmixer geben und zu einer glatten Creme pürieren.

Für den Fisch die mit Pfeffer und Salz gewürzten Seezungenfilets auf beiden Seiten je 3 Min. in Butter braten.

Rucola auf vier flachen Tellern verteilen und gebratene Filets darauflegen. Thunfischcreme auf die vier Teller verteilen und mit frischem Dill garnieren. Sofort auftragen.

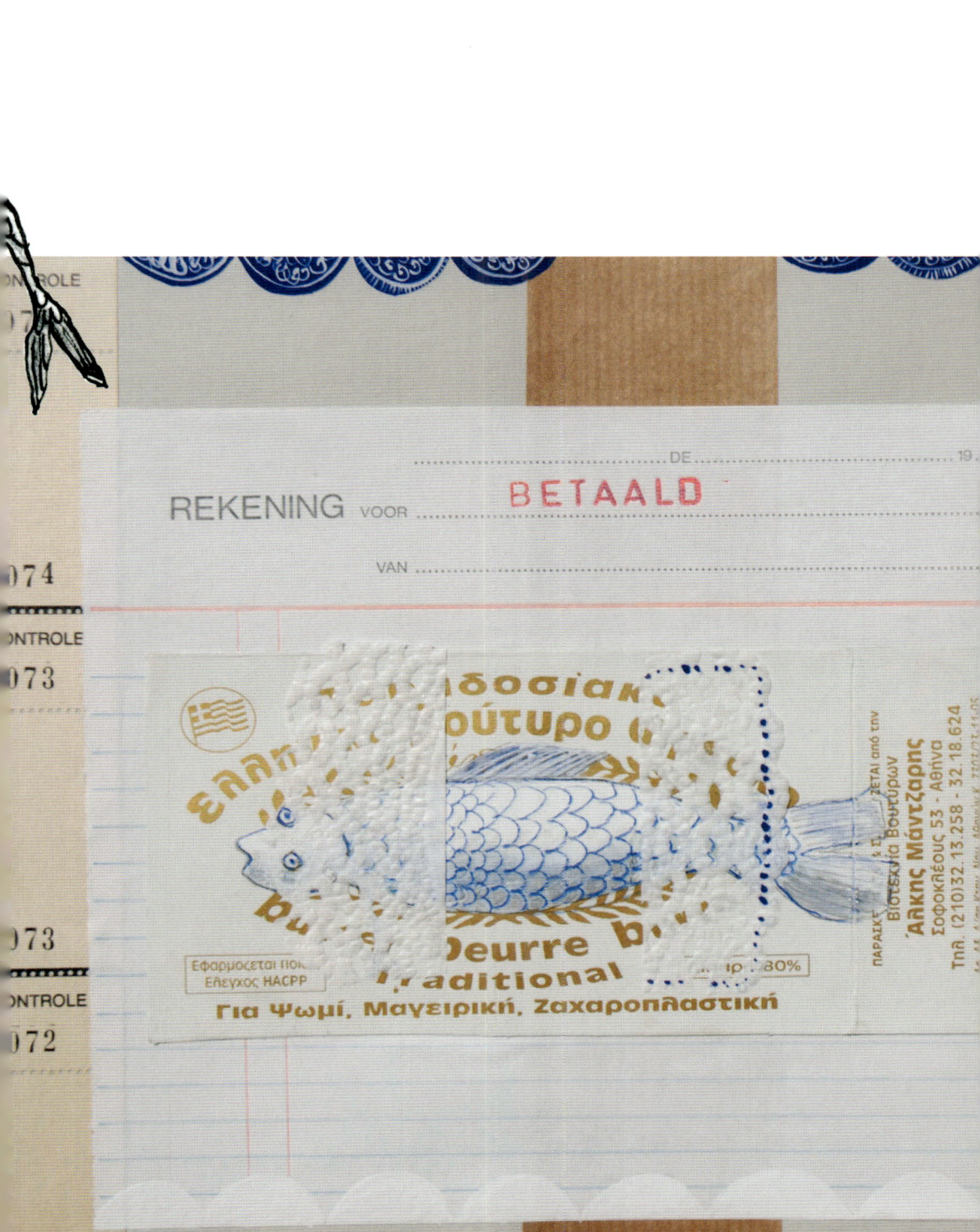

REKENING VOOR .... **BETAALD** ....

DE .... 19 .

VAN ....

LACHSSTAPELSPIESSE

2 Zucchini
4 frische Lachsfilets
250 g Cherrytomaten für Salatbett
1 Salatkopf
Fett für die Auflaufform

grünes Pesto (selbst gemacht* oder aus dem Glas)
Pfeffer & Salz
Cocktailspießchen, in Wasser eingeweicht
Zitronensaft zum Besprenkeln
Kapern zum Garnieren

Backofen auf 180 °C (Umluft 160 °C) vorheizen.

Zucchini der Länge nach in dünne Scheiben schneiden, ebenso den Lachs etwa gleich dick in Scheiben. Cherrytomaten vierteln, Salat waschen und putzen.

In gefetteter Auflaufform aufstapeln: eine Scheibe Zucchini mit etwas Pesto bestreichen, pfeffern und salzen, gefolgt von einer Scheibe Lachs, Pfeffer und Salz, danach wieder Zucchini, Pesto, Pfeffer, Salz usw. bis zu insgesamt fünf oder sechs Lagen. Einen Cocktailspieß hindurchstechen, mit etwas Zitrone besprenkeln und mit einigen Kapern garnieren.

Ca. 20 Min. im vorgeheizten Backofen bei 180 °C (Umluft 160 °C) garen.

Ein Bett aus Salat und Tomaten mit ein wenig Essig und Öl anrichten und je zwei Zucchini-Lachs-Stapel auf den Teller geben.

TIPP:
Auch lecker mit Pestonudeln! Im Handumdrehen fertig.

*Pesto:

1 Handvoll Pinienkerne
1 große Handvoll Basilikum
1 Handvoll Parmesan, gerieben
1 Handvoll Pecorino, gerieben
1 kräftiger Schuss Olivenöl
Pfeffer & Salz

Alles in einer Küchenmaschine oder einem Mörser pürieren.

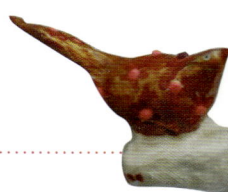

FREDS EROTISCHE EIER

Butter zum Braten
4 Eier
1 Schuss Sahne für jedes Ei
Parmesan am Stück
Pfeffer aus der Mühle
frische Trüffel, geschabt
Meersalz

Etwas Butter in einer kleinen beschichteten Pfanne bei sehr geringer Hitze zerlassen. Pro Person 1 Ei aufschlagen und in die Pfanne geben (Dotter ganz lassen) und sofort einen Schuss Sahne rund um den Pfannenrand geben. Die Eier langsam darin köcheln lassen. Wenn das Eiweiß gestockt ist, den Parmesan darüberreiben und mit Pfeffer würzen.

Pro Teller 1 Ei mit etwas Sahne servieren, frische Trüffel darüberreiben und eventuell etwas Meersalz.

Geheimnis – ausschließlich für den Privatgebrauch!

– mit Dank an Fred und Yolanda de Leeuw –

*** *mit himmlischer Sauce!*

KRABBEN** COCKTAIL NACH ÜBERLIEFERTEM REZEPT ***

schöne Salatblätter
Obststückchen nach Wahl*
Krabbenstückchen**

Toast mit Butter

Für die Sauce:
250 g Sahne; Mayonnaise; Quark; Zitronensaft;
Sherry oder Whisky; 1 kleine Dose Tomatenpüree; Senf; Tabasco und Worcestersauce;
mildes Currypulver; edelsüßes Paprikapulver;
Knoblauch, gepresst; Pfeffer & Salz

Eine flexible Vorspeise und deswegen ohne Mengenangaben, weil man sie nach Gefühl zusammenstellt. Der eine hält gerade Diät und der andere denkt: heute mal nicht. Aber hier einige Anhaltspunkte:

Obst* und Krabben** (oder was auch immer) in Stücke schneiden und Salat putzen.

Sahne (ohne Zucker) nicht zu steif schlagen. Ein paar Esslöffel Mayonnaise und Quark unterheben. Etwas Zitronensaft und Tomatenpüree hinzugeben und einen Kleks Senf. Danach einen Schuss Sherry oder Whisky hinzufügen, ein paar Tropfen Tabasco und einen Schuss Worcestersauce. Noch einen kräftigen Teelöffel mildes Curry- und Paprikapulver hinzugeben, gepressten Knoblauch und ein wenig Salz und Pfeffer. Vorsichtig durchrühren und abschmecken, um zu schauen, was noch dazumuss.

Ein paar schöne Gläser mit ein paar Salatblättern füllen, Obst und Krabben, oder was sonst gewählt wurde, dazugeben und anschließend diese himmlische Sauce! Mit etwas Paprikapulver garnieren.

TIPP:
Mit Toast und Butter und einem Glas trockenen Weißwein servieren.

Ein echtes Rezept habe ich hierfür nie gesehen, aber meine Mutter machte es immer und ich durfte die Saucenschale auslecken.

* Mandarinen, Pfirsich, Mango ...
** Krabbensticks, Garnelen, Hähnchenbrust,
Avocado – oder einfach etwas anderes versuchen.

SCHWEINEFILET MIT JOHANNISBEER-MARMELADE UND APFEL

Olivenöl zum Anbraten
2 Schweinefilets (zusammen ca. 600 g)
Meersalz
Pfeffer aus der Mühle
40 g Butter
2 große, feste und säuerliche Äpfel, in Scheiben
1 Prise Zimt
3 gehäufte EL Johannisbeer-Marmelade
etwas Wasser
1 Schuss Cognac

Öl in einer Pfanne erhitzen und die Filets goldbraun anbraten, mit Salz und Pfeffer würzen und weitere 15 Min. bei geringer Hitze köcheln. Die Filets aus der Pfanne nehmen und beiseitestellen.

10 g Butter in einem Stieltopf erhitzen und die Apfelscheiben bei geringer Hitze goldgelb bräunen. Mit Zimt bestreuen.

Die Marmelade mit ein wenig Wasser und dem Cognac mischen und in die Pfanne geben, in der die Filets gebraten wurden. Zum Kochen bringen und bei geringer Hitze köcheln lassen. Unter ständigem Rühren die restliche Butter in kleinen Würfeln hinzufügen, bis eine glänzende Sauce entstanden ist.

Die Filets in Scheiben schneiden und auf einem Bett aus gebratenen Apfelscheiben mit etwas Sauce darüber servieren.

Ich stamme aus Friesland, wo meine Eltern noch immer einen alten Bauernhof haben. Dort habe ich mein Interesse am Malen von Tieren entwickelt und die Schönheit von altem, gebrauchtem Holz entdeckt.

TOURNEDOS MIT ESTRAGON

25 g Butter
4 Portobellos (Feinkostladen)
Olivenöl zum Anbraten
4 Schalotten, fein geschnitten
100 ml Rotwein
50 g Sahne
1 EL grober Senf
1 Knoblauchzehe, fein gehackt
1 Bund Estragon, fein gehackt
Pfeffer aus der Mühle
Meersalz
4 Tournedos (je etwa 150 g; Feinkostladen)

Die Butter in einer Pfanne bei mittlerer Hitze zerlassen und die Portobellos auf beiden Seiten schön anbräunen. Temperatur reduzieren und die Pilze in der Pfanne warm halten.

Ein wenig Olivenöl in einem Stieltopf erhitzen und die Schalotten anschwitzen. Den Wein zugießen und 3 Min. bei geringer Hitze kochen. Sahne, Senf, Knoblauch, Estragon, Pfeffer und Salz dazugeben und das Ganze sacht erwärmen. Die Sauce darf nicht kochen.

Das Olivenöl in der Pfanne stark erhitzen und die Tournedos darin 2½ Min. auf jeder Seite braten.

Die Tournedos auf den gebratenen Portobellos servieren. Etwas Sauce darübergeben.

Portobellos sind große Pilze, ähnlich Riesenchampignons.

in großen Stücken

PIKANTE ZUCCHINISUPPE MIT PARMESAN

2 kleine Zucchini (oder eine üppige aus dem eigenen Garten)
1 Zwiebel, klein gewürfelt
Olivenöl zum Anbraten
Meersalz
Currypulver
1½ l Gemüse- oder Hühnerbrühe
Pfeffer aus der Mühle
45 g Risottoreis
1 EL Sahne pro Suppenteller
Parmesan zum Garnieren

Die Zucchini in Stücke schneiden. Zwiebel mit Olivenöl und Salz in einen
großen Topf geben und anschwitzen. Curry hinzugeben und noch 2 Min.
weiterbraten. Zucchini, Brühe, Pfeffer und Reis zur Zwiebel geben und zum
Kochen bringen. Temperatur reduzieren und weitere 20 Min. sanft köcheln
lassen.

Suppe pürieren, mit je 1 EL Sahne versehen und sofort mit Parmesan
bestreut servieren.

Het moet ook niet te flau

KANINCHEN IM SCHMORTOPF

1 Kaninchen, in Stücken
Pfeffer aus der Mühle
Salz
Muskat
100 g Speckwürfel
3 Schalotten, fein gehackt

1 Stück Butter zum Anbraten
1 Flasche Bier (0,33 l)
3 Lorbeerblätter
3 EL Senf
1 Handvoll getrocknete Pflaumen und Aprikosen
125 g Sahne

Die Kaninchenstücke mit Pfeffer, Salz und Muskat einreiben.

Speckwürfel in einer großen, gusseisernen Pfanne auslassen und die Schalotten darin anschwitzen. Die Butter hinzugeben und die Kaninchenstücke rundum zügig anbraten.

Das Bier in die Pfanne geben, Lorbeer und Senf hinzufügen.

Bei sehr niedriger Hitze mind. 2 Std. köcheln lassen. Pflaumen und Aprikosen hinzufügen und noch 30 Min. weiterkochen.

Die Kaninchenstücke vorsichtig aus der Pfanne heben (sie fallen fast vom Knochen). Das meiste Fett aus der Pfanne schöpfen und die Sauce mit der Sahne losrühren. Das Ganze noch kurz aufkochen lassen, damit es eindickt, und die Kaninchenstücke wieder hineinlegen. Eventuell mit etwas Pfeffer und Salz geschmacklich abrunden.

LISES WEISSER SCHOKOLADENBRUCH MIT MINZE UND INGWER

300 g weiße Schokolade
20 frische Minzblättchen
6 Kugeln eingelegter Ingwer (Asialaden)

Die Schokolade langsam im Wasserbad schmelzen, nicht zu heiß werden lassen.

Minzblättchen und Ingwer in kleine Stücke schneiden und zur geschmolzenen Schokolade geben. Gut rühren und die Mischung auf Backpapier geben.

Ein Stück Backpapier über die Schokolade legen und mit einem Teigroller zu einer flachen Scheibe ausrollen. 1 Std. zum Festwerden in den Kühlschrank legen.

Die Schokolade in Stücke brechen.

TIPPS:

Geht auch gut mit Zartbitter-Schokolade und zum Beispiel gerösteten Nüssen, oder mit Thymian oder Rosmarin zubereiten.

Herrlich einfach und wirklich wunderbar!

simply wonderful

– mit Dank an Lise Goeman Borgesius –

LACHSTERRINE MIT FRISCHEN KRÄUTERN UND SPARGEL

6 grüne Spargelstangen
Salz & Pfeffer aus der Mühle
50 g Butter
1 Zwiebel, fein geschnitten
400 g Lachsfilet, in Stücken
12 Eier

4 EL Crème fraîche
2 unbehandelte Zitronen, Schale
   und Scheiben
4 x 1 EL frische Kräuter, fein gehackt
   (zum Beispiel Schnittlauch, Dill,
   Koriander und Kerbel)

Spargel schälen und kurz in reichlich Wasser mit etwas Salz blanchieren und auf einem sauberen Geschirrtuch abtropfen lassen.

Terrine mit Butter einfetten. Zwiebel in restlicher Butter anschwitzen und Lachsstückchen hinzufügen. 2 Min. braten und vom Feuer nehmen.

9 Eier verquirlen, Salz & Pfeffer, Crème fraîche, etwas Zitronenschale und alle Kräuter außer dem Schnittlauch hinzufügen. Zu einem gleichmäßigen Ganzen vermengen und Lachs-Zwiebelmischung hinzufügen.

3 Spargelstangen auf den Boden der Terrine legen und Dreiviertel der Mischung hineingießen. Die 3 letzten Eier über die Länge der Form verteilt aufschlagen. Die restlichen 3 Spargelstangen auf die Eier legen und den Rest der Mischung darübergießen. Die Terrine mit Alufolie bedecken, in eine bis zur Hälfte mit Wasser gefüllte Auflaufform stellen und 45–60 Min. im vorgeheizten Backofen bei 180 °C (Umluft 160 °C) garen. Bei einer Garprobe muss das Messer trocken bleiben. Vollständig abkühlen lassen und in Scheiben schneiden.

mit Schnittlauch

– mit Dank an Lise Goeman Borgesius —

MAYONNAISE

2 Eigelb   Pfeffer & Salz aus der Mühle   1 EL Zitronensaft
1 EL Dijonsenf   250 ml Arachide-Öl

In einer Schüssel Eigelb mit Senf mischen und mit einem Schneebesen gut verquirlen.
Das Öl unter ständigem Weiterschlagen erst tropfenweise, dann in dünnem Strahl
hinzufügen. Sobald eine homogene Masse entstanden ist, Zitronensaft hinzufügen und
mit Pfeffer und Salz abschmecken.

*Die Mayonnaise ist für den sofortigen Verzehr gedacht und sollte
maximal einige Stunden aufbewahrt werden!*

*bestreuen und mit Zitronenscheiben garniert servieren,
eventuell ein wenig selbstgemachte Mayonnaise dazu reichen*

VLA

Vanillesauce

6 Eigelb
125 g Zucker, fein
500 ml Milch
1 Vanilleschote, der Länge nach aufgeschnitten

Mit einem Schneebesen Eigelb mit einem Drittel des Zuckers hellgelb und dicklich schlagen.

Milch, restlichen Zucker und Vanilleschote in einem Stieltopf zum Kochen bringen. Die kochende Milch unter ständigem Rühren in das Eigelb einrühren. Mischung in den Stieltopf zurückgeben und bei niedriger Hitze unter ständigem Rühren aufkochen. Die Mischung muss dick genug werden, um am Kochlöffel haften zu bleiben.

Vanilleschote entfernen, die Sauce in eine saubere Schüssel gießen und diese zum schnelleren Abkühlen auf Eiswürfel stellen. Alle paar Minuten durchrühren, damit sie nicht klumpt und keine Haut bildet. Im Kühlschrank aufbewahren.

köstlich zu Apfelkuchen, Île flottante (Eischnee, Seite 132) und zu Schokoladendesserts

LEG VLAAIEN IN MIJN WEILAND
OPDAT IK MET MIJN BLOTE TENEN
LEKKER DOOR DE HARDE BOVENKANT

2/20   E Maassen - 2005 -

KAROTTENKUCHEN MIT WALNÜSSEN

Für eine Springform (24 cm ø)
etwas Butter und Paniermehl für die Form
3 Eier
50 g Rohrzucker
1 kräftiger Schuss Öl
250 g Karotten, gerieben
125 g Mehl
1 großer EL Backpulver

50 g Kokosraspel
1 EL Zitronensaft
1 EL Zimt
125 g Rosinen
125 g Walnüsse
200 g Puderzucker
2–3 EL heißes Wasser

Backofen auf 180 °C (Umluft 160 °C) vorheizen.

Springform mit Butter einfetten und mit Paniermehl ausstreuen, damit sich
der Kuchen später leichter aus der Form löst.

Eier und Zucker dick und cremig schlagen, dann das Öl unterziehen. Nach
und nach alle anderen Zutaten (außer Puderzucker und Wasser) hinzufügen
und zu einem glatten Teig rühren.

Den Teig in die Form geben und in 20 bis 30 Min. goldbraun backen. Gut
abkühlen lassen.

Puderzucker in eine Schüssel geben und nach und nach heißes Wasser
hinzufügen; nicht zu viel, sonst wird die Glasur zu dünn. Den abgekühlten
Kuchen damit bestreichen und noch kurz trocknen lassen.

notendief

SMOOTH AND SENSUAL OMELETTE

2 Eier
Milch
Olivenöl
Curry
Käse, gerieben oder in Scheiben

Eier und Milch verquirlen. Ein wenig Olivenöl in einer Pfanne erhitzen. Die
Eimischung in die Pfanne geben und etwas Currypulver darüberstreuen. Wenn
das Ei stockt, aber in der Mitte noch ein wenig feucht ist, die Füllung* über
die Hälfte des Omelettes geben. Den Käse darüberstreuen oder in Scheiben
darauflegen und das Omelette zusammenklappen.

*TIPPS FÜR DIE FÜLLUNG:

Als Füllung kann alles Mögliche dienen, was gerade im Haus ist. Spinat
schmeckt köstlich dazu, aber auch Gemüse, Hähnchenbrust oder Garnelen.
Bei der Zusammenstellung Farben berücksichtigen. Eine gute Regel ist, für ein
ausgewogenes Gleichgewicht zwischen Rot und Grün zu sorgen. Frische Kräuter
passen hervorragend dazu.
Mögliche Kombinationen sind:
* gegrillte Zucchini, Asiago (Käse aus Venetien), fein geschnittene, süße rote
  Paprika und Basilikum.
* geräucherter Lachs, Frischkäse (Doppelrahmstufe), frischer Koriander und Dill.
* karamellisierte Zwiebeln (langsam in Butter geröstet, bis sie braun und süß sind)
  mit Crème fraîche, ein paar Rosinen, frischem Estragon und Basilikum.
* Tomate, frisches Basilikum und Oregano, schwarze Oliven und Brie oder Feta.
* Spargel, Krabbenfleisch, Pfifferlinge und Brie mit frischem Oregano und
  Thymian.

Die Mascarponecreme kann man auch wunderbar zu Obst in einem schönen Glas servieren. Einen Zweig Minze dazu und fertig!

OBSTTORTE

Für den Teig:
175 g Mehl
50 g Farinzucker
75 g Butter in kleinen Würfeln
1 Prise Salz
2–3 EL Wasser
Fett für die Form

Für den Belag:
250 g Mascarpone
20 g weißer Farinzucker
1 Päckchen Vanillezucker
1 Schuss Grand Marnier (oder anderer Likör)
frisches Obst: Kiwis, Himbeeren, Erdbeeren, Bananen, Johannisbeeren …
1 Zweig Minze

Backofen auf 180 °C vorheizen (Umluft 160 °C).

Für den Teig Mehl in eine große Schüssel sieben, Zucker, Butter und Salz hinzufügen. Mischung mit Daumen und Zeigefinger zu einem krümeligen Teig kneten. 2 EL Wasser hinzufügen und zu einer schönen Teigkugel kneten. Kugel ausrollen und leicht gefettete Obstkuchenform damit auskleiden. 20 Min. in den Kühlschrank stellen.

Ein Stück Backpapier auf den Teig legen und Blindbackfüllung oder getrocknete Erbsen daraufgeben. Den Kuchen auf mittlerer Schiene in den Backofen stellen. Nach 25 Min. Füllung und Backpapier entfernen und den Boden noch 10–15 Min. im Ofen lassen, bis er schön braun ist. Danach abkühlen lassen.

Für den Belag Mascarpone mit Zucker, Vanillezucker und Grand Marnier zu einer weichen Mischung schlagen, auf den Obstboden geben und den Kuchen mit reichlich frischem Obst belegen und frischer Minze garnieren.

Eine weitere köstliche Variante: Obstboden
mit einer dünnen Schicht Schokolade bedecken,
die im Wasserbad geschmolzen wurde. Dann
die Mascarponemischung daraufgeben.

portoBello?

GEFÜLLTE PORTOBELLOS

4 schöne Portobellos (Feinkostladen)
1 Zwiebel, fein geschnitten
1 kleine Handvoll Frühstücksspeck,
  gewürfelt
Olivenöl zum Anbraten
50 g Frischkäse (Doppelrahmstufe)
  oder Ziegenfrischkäse

1 Ei
Pfeffer und Salz
Petersilie, fein gehackt
Schnittlauch, fein gehackt
1 EL Paniermehl
Kapern, Menge nach Wunsch
50 g geriebener Käse

Die Pilze aushöhlen, das Innere fein hacken und zusammen mit der Zwiebel und den Speckwürfeln in einer Pfanne anbraten.

Frischkäse zerdrücken und mit Ei, Pfeffer und Salz vermengen. Käsemischung zu den Speckwürfeln mit Zwiebel geben und mit Petersilie und Schnittlauch bestreuen. Das Ganze 1 Min. köcheln lassen.

Portobellos in eine Auflaufform legen und den Pilzboden mit etwas Paniermehl bestreuen. Anschließend mit der Käsemischung füllen. Zum Schluss ein paar Kapern und geriebenen Käse darübergeben.

Ca. 20–25 Min. im vorgeheizten Backofen bei 175 °C (Umluft 155 °C) garen.

TIPP:
Auch köstlich mit Lammhackfleisch.

gevuld
A·L·06

FISCH AUS DEM RÄUCHEROFEN

1 großer, frischer, gesäuberter Fisch (Lachsforelle, Roter Schnapper, Dorade)
frische Kräuter
Öl zum Einfetten
Meersalz & grob gemahlener Pfeffer

Den Fisch säubern, trocken tupfen und den Bauch mit frischen
Kräutern nach Wahl füllen. Grill des Räucherofens mit Öl einfetten
und den Fisch je nach Größe 20 bis 30 Min. räuchern. Der Fisch ist
fertig, wenn die Augen weiß geworden sind.

Mit Meersalz und Pfeffer bestreuen und sofort servieren.

TIPP:
Köstlich mit Kartoffeln aus dem Ofen (siehe Seite 116).

schilderen moet je ook leren.

FLAMBIERTE BANANEN

4 Bananen
Butter zum Anbräunen
Zucker
Weißer Rum

Bananen der Länge nach durchschneiden, damit sie flach in der Pfanne liegen können. Butter in die Pfanne geben und die Bananen von beiden Seiten schön anbräunen. Großzügig mit Zucker bestreuen.

Einen Schuss Rum in die Pfanne geben, wenn die Bananen weich sind und den Rum anzünden. Dazu muss er jedoch erst heiß sein. Vorsicht Augenbrauen! Nicht zu dicht mit dem Gesicht über die Pfanne. Wenn das Feuer erlischt, ist das Dessert fertig. Hinweis: Der Alkohol verbrennt nicht vollständig.

Und … unbedingt die (abgekühlte!) Pfanne ausschlecken, einfach köstlich …

Als ich Au-pair in Paris war, wollte „meine Madame" einmal
so richtig zeigen, was sie konnte, und machte „Bananes flambées".
Sie wusste nicht, dass nicht aller Alkohol beim Flambieren
verbrennt. Und als Au-pair hatte ich mich natürlich um den
Abwasch zu kümmern. Ich schleckte die Pfanne dann komplett
aus, wunderbar!

BIRNEN-CHUTNEY

25 g frischer Ingwer (oder aus dem Glas)
5 schöne reife Birnen
1 großer Kochapfel
2 Zwiebeln
5 schöne reife Tomaten
1 gute Handvoll getrocknete Feigen
   und/oder Pflaumen

1 unbehandelte Orange
1 gute Handvoll Rosinen
etwas Salz
150 ml weißer Weinessig
150 g Zucker
1 EL Zimt
½ EL Muskat

Ingwer in kleine Stücke hacken. Birnen, Apfel und Zwiebeln in große Stücke schneiden, die Tomaten enthäuten (Kreuzchen auf der Unterseite, kurz in kochendes Wasser und die Schale geht fast von allein ab) und in Stücke schneiden. Feigen und/oder getrocknete Pflaumen in kleine Stücke schneiden. Orange auspressen und eine Schalenhälfte in schmale Streifen schneiden.

Alle Zutaten außer den Birnen in einen Topf mit dickem Boden geben und langsam zum Kochen bringen. Mind. 1 Std. köcheln lassen, dabei alle paar Minuten umrühren. Das Chutney muss sirupartig werden und am Löffel kleben bleiben.

Birnen hinzufügen und weitere 45 Min. kochen, dabei alle paar Minuten umrühren.

Chutney in ein Glas mit Deckel geben und gut abkühlen lassen.

TIPP:
Im Kühlschrank bleibt das Chutney ein paar Wochen haltbar.

Passt wunderbar zu Paté oder Fleischgerichten

Ik schilder

dan dat ik

KARTOFFELN AUS DEM BACKOFEN

1 kg festkochende Kartoffeln
Meersalz und grob gemahlener Pfeffer
2 Knoblauchzehen, gepresst
Olivenöl zum Beträufeln
frischer Thymian
frischer Rosmarin

Den Ofen auf 180 °C vorheizen (Umluft 160 °C).

Kartoffeln in nicht zu große Stücke schneiden (Viertel oder Würfel)
und in eine Auflaufform oder auf ein Backblech legen.

Mit Salz, Pfeffer und Knoblauch würzen, mit Olivenöl beträufeln und
Thymian und Rosmarin darüberzupfen.

Kartoffeln in der Auflaufform oder auf dem Backblech im vorgeheizten
Backofen in ca. 45 Min. goldbraun garen (in der Kombi-Mikrowelle auf
180 °C und 360 Watt in 15 Min.), dabei gelegentlich umrühren.

ze liever

ze eet

CANNELLONI MIT RICOTTA UND SPINAT

12–16 Cannelloni	Salz, Pfeffer und Muskat
Olivenöl	1 Zwiebel, fein geschnitten
35 g Butter	1 Knoblauchzehe, fein gehackt
30 g Mehl	500 g frischer Spinat
350 ml Vollmilch	250 g frischer Ricotta
150 g Sahne	1 Handvoll frisches Basilikum
175 g geriebener Parmesan	2 Eier

Die Cannelloni in reichlich kochendem Wasser und einem Schuss Olivenöl in
3 Min. al dente kochen, kurz kalt abschrecken und in einem Sieb abtropfen lassen.

Butter in einem Topf zerlassen und Mehl einrühren. Milch und Sahne nach und
nach zufügen, bis eine glatte Sauce entstanden ist. Sauce noch ein paar Minuten
sanft köcheln lassen. 50 g Parmesan einrühren, mit Salz, Pfeffer und Muskat
abschmecken.

Einen Schuss Öl in einen großen Topf geben, Zwiebel und Knoblauch glasig
anschwitzen. Spinat hinzugeben und rühren, bis er zusammengefallen ist. Spinat
in ein Sieb geben, die Flüssigkeit herausdrücken, bis er gut trocken ist, und in
kleine Stücke schneiden. Das Gemüse mit Ricotta, Basilikum, 75 g Parmesan, Eier,
Muskat, Salz und Pfeffer mischen und die Cannelloni damit füllen (hierbei ist eine
Spritztüte sehr praktisch).

⅓ der Sauce in eine Auflaufform geben, die Cannelloni darauflegen und die
restliche Sauce darübergeben, bis sie ganz bedeckt sind. Restlichen Parmesan über
die Cannelloni streuen und auf mittlerer Schiene im vorgeheizten Backofen bei
180 °C (Umluft 160 °C) in 45 Min. garkochen.

– mit Dank an Francine und Pieter vom Kunstgids Amsterdam –

SAUERKRAUT MIT MAROKKANISCHER NOTE

1 große Zwiebel oder 3 Frühlingszwiebeln
2 gehäufte TL gemahlener Kreuzkümmel
2 gehäufte TL Curry
Olivenöl zum Anbraten
800 g Sauerkraut
etwas Wasser oder Weißwein
1 Handvoll Rosinen
250 g Crème fraîche
Pfeffer und Salz

Zwiebel schneiden und zusammen mit Kreuzkümmel und Curry in Olivenöl anbraten. Sauerkraut dazugeben und mit etwas Wasser oder Weißwein garen. Rosinen hinzufügen und gut durchrühren.

Mit Crème fraîche, Salz und Pfeffer abschmecken.

TIPP:

Das Sauerkraut mit gebratenen Merguez-Würstchen servieren und/oder 1 kg gekochten Kartoffeln – längs durchgeschnitten, mit 100 g geriebenem Raclette-Käse im Ofen überbacken.

VEGETARISCHES CURRY

75 g ungesalzene Cashewnüsse
2 EL Knoblauch-Ingwerpaste
1 Zwiebel
Nussöl zum Anbraten
5 Kardamomkapseln
2 Zimtstangen
½ EL Kurkuma
125 g Crème fraîche
200 ml Wasser

140 g Kartoffeln
140 g Blumenkohl
½ EL Garam Masala (indische Gewürzmischung)
140 g Aubergine
140 g frische grüne Erbsen
   (oder grüne Bohnen in Stücken)
Pfeffer, Salz
Minze oder Koriander zum Garnieren

Nüsse, Knoblauch-Ingwerpaste und einen Schuss Wasser in einem Standmixer pürieren, bis eine feste Masse entsteht.

Die gehackte Zwiebel in Öl in einer gut schließenden Bratpfanne oder einer Tajine (nordafrikanische Kasserolle) anbräunen. Cashewmasse hinzugeben und 5 Min. braten. Den Inhalt der Kardamomkapseln, Zimt und Kurkuma einrühren. Crème fraîche und Wasser zufügen und das Ganze unter Rühren zum Kochen bringen. Temperatur reduzieren, Deckel auf die Pfanne und 5 Min. köcheln lassen.

Kleingeschnittene Kartoffeln, Blumenkohl und Garam Masala zum Gericht geben und noch einmal 5 Min. köcheln lassen. Kleingeschnittene Aubergine und grüne Erbsen einrühren und etwa 15 Min. köcheln, bis das Gemüse gar ist. Darauf achten, dass die Sauce nicht am Boden klebt. Falls notwendig, noch ein wenig Wasser hinzufügen.

Mit Pfeffer und Salz nach Geschmack würzen und mit ein wenig Minze oder Koriander garnieren.

25/100

TIRAMISU

4 Eier
75 g Zucker
250 g Mascarpone
1 Päckchen Vanillezucker (oder Mark einer Vanilleschote)
100 ml starker Espresso
50 ml Cognac (oder Amaretto)
1 Packung Löffelbiskuits
Kakaopulver oder Schokoladenflocken

Eier trennen und Eigelb mit Zucker, Mascarpone und Vanillezucker in einer großen Schüssel gut vermischen.

Eiweiß sehr steif schlagen und unter die Mascarponemischung ziehen.

Espresso mit Cognac mischen und Löffelbiskuits kurz in dieser Mischung tränken. Den Boden einer schönen Schale oder einzelne Schälchen damit auslegen.

Auf das Gebäck eine Schicht Mascarponecreme und anschließend wieder eine Lage kaffeegetränkte Löffelbiskuits legen. Noch einmal wiederholen, falls möglich, aber immer mit einer Schicht Mascarpone enden.

Tiramisu einige Stunden in den Kühlschrank stellen (oder in die Gefriertruhe, wenn es schnell gehen soll).

Kurz vor dem Servieren mit Kakaopulver (oder Schokoladenflocken) bestreuen.

LACHS MIT ROTEM CHILI

3 große getrocknete Chilischoten
125 g brauner Zucker
1 EL Limonensaft
1 TL fein gepresster Knoblauch
1 TL Oregano
1 TL Salz
4 Lachsfilets
Fett für das Backblech
2 Limonen in Scheiben
Olivenöl
Koriander zum Garnieren

Samen aus Chili entfernen und Chili in Stücke schneiden. Mit dem braunen
Zucker, Limonensaft, Knoblauch, Oregano und Salz in einen Mixer geben und
zu einer schönen Paste pürieren. Wenn sie noch zu trocken ist, ein wenig
Flüssigkeit hinzugeben.

Lachsfilets nebeneinander in eine Auflaufform oder auf ein gut gefettetes
Backblech legen und die rote Chilipaste über den Fisch geben, bis er ganz
bedeckt ist. Limonenscheiben auf das Filet legen und mit ein wenig Öl
beträufeln.

Lachs ca. 25 bis 30 Min. in den auf 180 °C (Umluft 160 °C) vorgeheizten
Backofen stellen.

Den Fisch mit Koriander garnieren und heiß aus dem Ofen oder lauwarm
servieren.

TORTA DI NOCE DELLA NONNA DI SILVIA

Nusstorte von Silvias Oma

Für eine Napfkuchenform

Für den Teig:

Butter für die Form
200 g Paniermehl
250 g frische Walnüsse

brauner Rum
6 Eier, getrennt
150 g Rohrzucker
1 Prise Salz
2 gestr. TL Backpulver

Für den Schokoladenüberzug:
250 g Zartbitter-Schokolade
50 g Sahne

Backofen auf 180 °C vorheizen (Umluft 160 °C).

Form einfetten und mit ein wenig Paniermehl ausstreuen. Walnüsse in nicht zu kleine Stücke mahlen oder hacken (dabei ein paar Nüsse zum Garnieren zurückbehalten).

Ein Glas fast bis zum Rand mit Paniermehl füllen und großzügig Rum daraufgießen. Das Paniermehl nimmt den Rum auf. Das Ganze muss gut feucht sein.

Eiweiß mit 1 EL des Zuckers steifschlagen und Eigelb mit dem restlichen Rohrzucker schaumig rühren.

Paniermehl, Walnüsse und Eigelb mit Salz und Backpulver zusammen in eine Schüssel geben und verrühren. Geschlagenes Eiweiß unterheben und den Teig in die Form füllen.

Die Backform in eine mit Wasser gefüllte Schale in den Ofen stellen und ca. 40 Min. bei 180 °C (Umluft 160 °C) backen.

Form aus dem Wasser nehmen und noch weitere 15 Min. ohne Wasser backen. Gut abkühlen lassen.

Eventuell mit Schokolade überziehen.

*250 g Zartbitter-Schokolade hacken. Im Wasserbad 50 g Sahne erwärmen und die Schokolade darin unter ständigem Rühren zu einer glatten, glänzenden Masse schmelzen.

POLLO VIN SANTO DI FRANCESCO

Francescos Hühnchen Vin Santo

1 frisches Huhn in Stücken
Butter zum Anbraten
Olivenöl zum Anbraten
6 Knoblauchzehen, halbiert
4 schöne Zweige Rosmarin
½ l Vin Santo (oder Marsala)
250 ml Hühnerbrühe
1 gute Handvoll Rosinen
Pfeffer und Salz aus der Mühle

Huhn in einer großen Pfanne mit einem Stück Butter und einem Schuss Olivenöl anbraten. Knoblauch und die ganzen Rosmarinzweige dazugeben. Kurz mitbräunen und dann den Vin Santo hinzufügen. Mit Hühnerbrühe verlängern. Rosinen hinzufügen und mit frisch gemahlenem Pfeffer und Salz würzen.

Das Ganze 1 Std. bei geringer Hitze schmoren, bis das Huhn butterzart ist. Huhn und Rosmarinzweige herausnehmen und Flüssigkeit einkochen oder, falls nötig, binden.

TIPP:
Schmeckt wunderbar zu einem neutralen Risotto und al dente gekochten Gemüsen.

ÎLE FLOTTANTE

Schwimmende Insel

Für eine Backform Charlotte (1 ½ l)

Für die Meringue (Baiser):
Fett für die Form
fettfreies Papier
4 Eiweiß
110 g feiner Zucker
½ TL Vanilleextrakt
Backpapier

Für die Mandelschicht:
Alufolie
20 g Butter
55 g Zucker
3 EL Wasser
55 g Mandelblättchen

*Vla (Vanillesauce, s. S. 94)

Backofen auf 140 °C vorheizen (Umluft 120 °C). Für die Meringue Form einfetten und den Boden mit fettfreiem Papier bedecken. Eine große Auflauf- oder Bratenform im Ofen anwärmen. Sie muss so groß sein, dass die Backform hineinpasst.

Eiweiß in einer sauberen, trockenen Schüssel steifschlagen. Nach und nach Zucker hinzufügen, bis ein glänzender Eischnee entstanden ist. Jetzt Vanilleextrakt unterheben. Baiser in die Form geben, glattstreichen und mit einem Blatt Backpapier bedecken. Die Backform in die heiße Auflaufform stellen und kochendes Wasser hinzugießen, bis die Charlottenform zur Hälfte eingetaucht ist. 60 bis 80 Min. backen, oder bis das Messer bei der Garprobe sauber bleibt. Baiser auf einen Teller oder eine schöne Schale stürzen und abkühlen lassen.

Für die Mandelschicht ein Stück Alufolie mit etwas Butter einfetten und auf der Arbeitsfläche bereitlegen. Zucker und Wasser in einem kleinen Topf erhitzen, bis sich der Zucker gelöst hat. Zum Kochen bringen und Mandelblättchen hinzufügen, sobald die Zuckerlösung etwas eingedickt ist. Gut rühren und die Butter hinzufügen. Mandeln ein wenig anbräunen lassen. Danach auf die Folie geben und abkühlen lassen. In kleine Stücke brechen, sobald das Gebäck erhärtet ist.

Gebäckkrümel über das Baiser geben
und die Vanillesauce* um das Baiser
gießen. Sofort servieren.

DIE SCHOKOLADENTORTE MEINER SCHWESTERN

Für eine Springform (24 cm ø)

Für den Teig:	Für den Schokoladenüberzug:
350 g Zartbitter-Schokolade	100 g Schokolade
225 g Butter	100 g Butter
325 g Puderzucker	100 g Puderzucker
6 EL Mehl	3 EL Milch
10 Eier	
Fett für die Form	

Für den Teig Schokolade und Butter im Wasserbad schmelzen. Puderzucker und Mehl in eine große Schüssel sieben. Die Eier trennen. Eiweiß steifschlagen. Eigelb mit einer Gabel verrühren und langsam zur geschmolzenen Schokolade geben. Wenn eine glatte Mischung entstanden ist, diese vorsichtig und unter Rühren in die große Schüssel mit Zucker und Mehl gießen. Das Ganze gut mischen. Erst eine Hälfte des Eischnees unterheben, dann die zweite Hälfte. Den Teig in die eingefettete Springform geben und in 40 bis 50 Min. im vorgeheizten Backofen (180 °C, Umluft 160 °C) garbacken. Die Torte im Ofen gut abkühlen lassen, damit sie in der Mitte nicht zu sehr einsinkt.

Für den Schokoladenüberzug die Zutaten behutsam im Wasserbad schmelzen. Immer weiterrühren, damit es keine Klümpchen gibt. Torte umdrehen und die warme Schokolade darübergießen. Mit einem großen Messer gleichmäßig verteilen.

TIPP:

Man kann die Torte auch einmal durchschneiden und die Schnittfläche mit Marmelade bestreichen. Die Hälften wieder aufeinanderlegen und erst dann mit der Schokolade überziehen.

GEHALTVOLLES SCHOKOLADEN-TRÜFFELDESSERT

Für eine längliche Backform* (Inhalt etwa 1½ l)
150–200 g Bittermandelmakronen in Stücken
1 kräftiger Schuss Cognac
300 g Zartbitter-Schokolade, gehackt

125 g weiche Butter
175 g Puderzucker
3 Eigelb
300 g Sahne, geschlagen

Die Bittermandelmakronen in Cognac einweichen.

250 g der Schokoladenstücke im Wasserbad schmelzen und kurz abkühlen lassen.

Butter und Puderzucker zu einer homogenen Masse verrühren.

Eigelb nach und nach unter diese Masse geben und danach die geschmolzene Schokolade. Sahne, abgetropfte Bittermandelmakronen und restliche Schokoladenstückchen unter die Schokoladenmischung heben.

Alles in eine dünn eingefettete Backform geben und mind. 8 Std. im Kühlschrank fest werden lassen.

TIPP:
Vor dem Servieren Kakaopulver über das Dessert streuen.

*Am einfachsten ist es, wenn die Form aus Pappe ist, dann kann man sie aufklappen, um das Dessert aus der Form zu nehmen.

HÄHNCHENFILET IM SCHINKENMANTEL

750 g Hähnchenbrust (in schmale Streifen geschnitten)
Pfeffer
Salz
75 g Butter oder Margarine
150 g roher Schinken
500 g Champignons
etwas Currypulver
125 g Kochsahne
4 EL pikanter Käse, gerieben
Alufolie

Filetstreifen mit Pfeffer und Salz würzen und kurz in 25 g der Butter braten. Jeden Filetstreifen in eine halbe Scheibe Schinken wickeln und in einer Auflaufform anordnen.

Champignons in Scheibchen schneiden, in restlicher Butter anbräunen, mit Currypulver bestreuen und noch ein wenig weiterbraten.

In einer Schüssel Kochsahne mit geriebenem Käse vermischen, unter die Currychampignons ziehen und sofort über die umwickelten Hähnchenfilets geben.

Mit Alufolie bedecken und 25 Min. in den auf 200 °C (Umluft 180 °C) vorgeheizten Backofen stellen.

TIPP:

Dieses Gericht mit Nudeln (z.B. Fusilli) und Salat servieren.

✱ RUCOLA-FELDSALAT-MISCHUNG

ca. 75 g Rucola
ca. 100 g Feldsalat
1 Salatgurke
½ rote Zwiebel
sonnengetrocknete Tomaten in Öl

Mozzarella
blaue Trauben
geröstete Pinienkerne
Kräutermischung aus Basilikum, Rosmarin
  und Knoblauch
Kürbiskernöl & Aceto Balsamico

Eine große, flache Schale nehmen und eine bunte Kreation aus den Zutaten zusammenstellen. Mit Kräutermischung bestreuen und mit Kürbiskernöl und Balsamico beträufeln.

ALINE E. JANSMA: DIE ZUBEREITUNG EINES ESSENS IST WIE EINE REISE, BEI DER MAN MEHR ÜBER DIE KULTUR DES ESSENS ERFÄHRT.

GEFÜLLTE PAPRIKA

4–5 Paprikaschoten*
Fett für Auflaufform
500 g Hackfleisch, gemischt
1 Ei
2 Knoblauchzehen
Brotkrümel
Paniermehl
Butter

Salz
Pfeffer
und eine kleine Auswahl aus:
    Speckwürfeln, Oliven, Nüssen, Ziegen-
    käse, Champignons, Feta, einigen Senf-
    kräutern, Ketjap Manis, Sambal oder was
    sonst im Haus ist …

Deckel der Paprikaschoten abschneiden, Samen entfernen und in eine gut eingefettete Auflaufform stellen. Alle übrigen Zutaten mit dem Hackfleisch in eine Schüssel geben, gut mischen und damit die Paprikaschoten füllen. Mit Paniermehl bestreuen und ein Stückchen Butter daraufgeben.

Im auf 180 °C (Umluft 160 °C) vorgeheizten Backofen in 45–60 Min. garen oder in der Kombi-Mikrowelle 15 Min. bei 180 °C und 360 Watt.

TIPP:
*Statt Paprikaschoten Zucchini verwenden.

Köstlich mit Pandanreis

CALDEIRADA

Portugiesische Tintenfischsuppe

500 g Pfeilschwanz-Tintenfisch
weißer Pfeffer
1 Knoblauchzehe
1½ l Gemüsebrühe
1 große Zwiebel
2 große Kartoffeln
1 rote Paprika

1 große Karotte
2 Tomaten
100 ml Rotwein
1 kleine Dose Tomatenmark
3 Lorbeerblätter
Basilikum, Petersilie oder Koriander
   zum Garnieren (nach Bedarf)

Gesäuberten Tintenfisch, Pfeffer und fein gehackten Knoblauch in einer großen Pfanne 5 Min. garen. Gemüsebrühe zufügen.

Zwiebel, Kartoffeln, Paprika, Karotte und Tomaten in große Stücke schneiden und zusammen mit Rotwein, Tomatenmark und Lorbeerblättern zum Tintenfischsud geben.

Das Ganze 1 Std. köcheln lassen. Eventuell mit Basilikum, Petersilie oder Koriander garnieren.

CALDEIRADA

PORTUGESE INKTVISSOEP
NODIG: POND ZEEKAT
OF PIJLSTAARTINKTVIS * EEN
PAAR GROTE ZOETE AARD-
APPELEN * 1 WINTERWORTEL
PAPRIKA & UIEN & TOMATEN
GROENTEBOUILLON * KNOFLOOK
TOMATENPUREE * WITTE PEPER
BAK DE INKTVIS MET PEPER / KNOF
SNIJDT ALLES IN GROTE STUKKEN
DOE HET IN DE PAN BOUILLON
VOEG RODE WIJN & LAURIERBLAD TOE
LEKKER TIJDJE LATEN SUDDEREN

ELISABETH JONKERS: ICH ZWEIFLE IMMER NOCH, OB HIER GRÜNE ERBSEN REINGEHÖREN ...

ja oder nein?

FARFALLE AL TARTUFO

Trüffelfarfalle

400 g Farfalle (Nudeln)
Salz
1 schwarze Trüffel, geschabt
2 Knoblauchzehen, in Stücken
Olivenöl zum Anbraten
100 ml Weißwein

2 Schalotten, feingehackt
200 g Sahne
Pfeffer
100 g kalte Butter, in Stücken
100 g Parmesan (Parmigiano Reggiano)

Farfalle in reichlich Wasser mit etwas Salz al dente kochen.

Trüffel mit einer Gemüsebürste säubern und hauchdünn schneiden oder schaben.

Knoblauch im Öl glasig braten, Wein und Zwiebeln hinzugeben und auf die Hälfte einkochen. Sahne zufügen und wiederum einkochen.

Pfanne vom Feuer nehmen und die Butterwürfel mit einem Schneebesen unterziehen. Die Sauce mit einem Pürierstab aufschäumen.

Die Hälfte der Trüffel sowie Pfeffer und Salz nach Geschmack unter diese Mischung heben. Farfalle in die Sauce geben und alles noch 2 Min. erwärmen.

Pasta auf die Teller geben und mit Parmesan und der restlichen geschabten Trüffel bestreuen.

TIPP:

Köstlich mit einem einfachen grünen Salat und gegrilltem Lammkotelett oder Spargel mit Schinken.

SCHOKOLADEN-CHARLOTTE

Für eine Charlotte-Backform
Butter für die Form
2 Schuss Rum
1 Päckchen Löffelbiskuits
250 g Zartbitter-Schokolade guter Qualität

250 g weiche Butter
6 frische Eier
Salz
250 g Sahne, geschlagen

Form einfetten. Einen Schuss Rum in eine Schale geben, die Löffelbiskuits kurz darin tränken und damit erst den Boden und dann die Seiten der Form auskleiden. Die gezuckerte Seite des Gebäcks zeigt dabei nach außen.

Feingehackte Schokolade mit einem kleinen Stück Butter und einem Schuss Rum im Wasserbad schmelzen. Wenn die Schokolade geschmolzen ist, die restliche weiche Butter unterrühren, bis eine glatte Masse entstanden ist. Danach vom Feuer nehmen.

Eier trennen und Eigelb unter die Schokolade ziehen. Eiweiß mit einer Prise Salz in einer sauberen Schüssel steifschlafen. Schlagsahne fest, aber nicht ganz steif schlagen und unter die Schokolade ziehen. Zum Schluss das Eiweiß unterheben.

Das Ganze vorsichtig in die Form mit Löffelbiskuits schöpfen und abdecken. Die Schokoladen-Charlotte eine Nacht in den Kühlschrank stellen.

Charlotte auf einen großen Teller stürzen und die Außenseite mit Kakaopulver oder Puderzucker bestreuen oder zur Dekoration mit einem breiten Geschenkband verzieren.

DIE KÜNSTLER UND IHRE KUNSTWERKE
Die abgebildeten Kunstwerke sind von Künstlern der Galerie Artacasa.

CAROLIEN VAN DEN BERG
Seite 51
blackbird
Tinte auf Papier
40 x 30 cm

CLAIRE DUVAL
Seite 23
doux
gemischte Techniken
auf Leinwand
40 x 40 cm

Seite 24/25
siesta 2
gemischte Techniken
auf Leinwand
50 x 40 cm

MARIE GODEST
Seite 31
ober
Acryl auf Leinwand
150 x 65 cm

Seite 33
klein feestje
gemischte Techniken
auf Leinwand
160 x 135 cm

Seite 35
moyen age
gemischte Techniken
auf Leinwand
160 x 190 cm

Seite 133
rouge et or
gemischte Techniken
auf Leinwand
160 x 125 cm

Seite 135
les petits conseils
gemischte Techniken
auf Leinwand
140 x 125 cm

Seite 137
trois amis
gemischte Techniken
auf Leinwand
180 x 115 cm

MARIA DE GROOT
Seite 47
blauwe schaal met citroenen
gemischte Techniken
auf Leinwand
40 x 40 cm

Seite 49
alle dagen feest
gemischte Techniken
auf Leinwand
80 x 120 cm

Seite 49
theekop
gemischte Techniken
auf Leinwand
18 x 24 cm

Seite 72/73
taart
gemischte Techniken
auf Leinwand
80 x 120 cm

Seite 75
uccelli et tulipani
gemischte Techniken
auf Leinwand
100 x 100 cm

Seite 75
kermis
Papiermaché
Höhe 40 cm

ALINE E. JANSMA
Seite 11
maaltijd aan zee
Öl auf Tafel
30 x 20 cm

Seite 13
kreeft en kanstanje
Öl auf Leinwand
140 x 120 cm

Seite 15
dringend verzoek
Linolschnitt
20 x 15 cm

Seite 41
zoetigheid
Öl auf Leinwand
100 x 80 cm

Seite 143
caldeirada
Linolschnitt
40 x 30 cm

MARIJKE JANSSEN
Seite 89
haas in training
Keramik
Höhe 50 cm

ELISABETH JONKERS
Umschlag
Keukenprinses rood
Öl auf Leinwand
40 x 30 cm

Seite 19
la patron
Öl auf Leinwand
110 x 95 cm

Seite 21
erwten
Öl auf Leinwand
70 x 50 cm

Seite 65
keukenprinses blauw
Kreide auf Leinwand
40 x 30 cm

Seite 67
keukenprinses blauw
Öl auf Leinwand
80 x 60 cm

FOTOS DER GERICHTE

Seite 6
**GARNELEN MIT
AVOCADO-MOUSSE**

Seite 22
APFEL-ZITRONEN-KUCHEN
Köstlich mit der Vanillesauce
(Vla) von Seite 94

Seite 8
SCONES
Die Scones kann man
auch hervorragend mit
einem Glas ausstechen.

Seite 26
**DANNYS CURRYHÜHNCHEN
MIT PASTA**
Zucchini nehmen statt
Hühnchen und schon ist es
ein vegetarisches Gericht!

Seite 10
MAHLZEIT AM MEER

Seite 28
**THUNFISCH IN SCHARFEM
ÖL**
Vorsicht mit dem scharfen
Öl! Mit Reis und Salat eine
komplette Mahlzeit!

Seite 12
HUMMER-CREMESUPPE
Aber ich habe Langustinen
verwendet …

Seite 30
TARTE TATIN FÜR JULIA
Auch dieser Kuchen ist sehr
lecker mit der Vanillesauce
(Vla) von Seite 94

Seite 14
DAVE'S APPLE CRUMBLE
Köstlich mit fein gemahlenen
Haselnüssen im Teig

Seite 32
**KNUSPRIGE CAMEMBERT-
TÖRTCHEN MIT BIRNE**
www.kokenmetkarin.nl
für weitere Rezepte

Seite 16
RATATOUILLE
Tomaten am Stängelansatz
über Kreuz einritzen und mit
heißem Wasser übergießen,
um sie leichter zu häuten

Seite 36
**GIGOT D'AGNEAU AUS
DANCÉ**
Lammkeulen kann man gut
in türkischen Läden kaufen

Seite 18
**LEONORAS BITTER-
MANDELMAKRONEN-
BAVAROIS**

Seite 38
BROT-EIS
In schöne Scheiben schneiden
oder in kleinen Schalen
servieren

Seite 20
SPINATTORTE
Auch köstlich mit Lachs, Lauch
und Kapern. Können ohne
Vorbraten in den Ofen. Senf
und Dill in die Eimasse!

Seite 40
**CHRISTINAS CREME-
SÜPPCHEN**

Seite 42
TOMATENHÄHNCHEN MIT OLIVEN

Seite 60
ERDBEER-QUARK-TORTE
Natürlich auch köstlich mit anderen Früchten!

Seite 44
VANILLESPREISE, RHABARBERKOMPOTT, MANDELGEBÄCK

Seite 62
ARTISCHOCKEN

Seite 46
ZITRONENTARTE
Je mehr abgeriebene Zitronenschale, desto saurer. Ich nehme 3 Zitronen, aber 1 reicht natürlich auch!

Seite 64
ZABAIONE TIEPIDO
Die Temperatur darf nicht über 60 °C steigen. Während des Schlagens die Schüssel regelmäßig kurz vom Dampf nehmen.

Seite 48
TINTENFISCH VOM GRILL
Die Knoblauchstücke kann man auch wunderbar mitessen!

Seite 66
HERZHAFTER WINTER-RISOTTO
Lieber vegetarisch? Einfach das Hackfleisch aus dem Rezept nehmen.

Seite 50
VERFÜHRERISCHES REZEPT

Seite 68
MOUHAMARRA
Marrokanische Paste

Seite 52
INDONESISCHE HACK-FLEISCHBÄLLCHEN

Seite 70
SEEZUNGE MIT THUNFISCH-CREME
Siehe Seite 93, wie man Mayonnaise selbst macht

Seite 54
MARIJKES SOMMERPASTA

Seite 74
LACHSSTAPELSPIESSE

Seite 56
PIKANTE MOZARELLA-TARTE

Seite 76
FREDS EROTISCHE EIER
Eier und Trüffel eine Nacht zusammen in einen geschlossenen Behälter legen.

Seite 78
KRABBEN**COCKTAIL NACH ÜBERLIEFERTEM REZEPT
Mit himmlischer Sauce

Seite 96
KAROTTENKUCHEN MIT WALNÜSSEN

Seite 80
SCHWEINEFILET MIT JOHANNISBEER-MARME-LADE UND APFEL

Seite 100
SMOOTH AND SENSUAL OMELETTE

Seite 82
TOURNEDOS MIT ESTRAGON
Eine klassische Kombination!

Seite 102
OBSTTORTE
Die Mascarponecreme ist auch köstlich mit frischem Obst in einem schönen Glas.

Seite 84
PIKANTE ZUCCHINISUPPE MIT PARMESAN

Seite 104
GEFÜLLTE PORTOBELLOS
Nicht zu viel Salz verwenden, denn der Frühstücksspeck ist schon salzig genug!

Seite 88
KANINCHEN IM SCHMORTOPF
Das Rezept eignet sich aus-gezeichnet zum Vorkochen und Aufwärmen!

Seite 108
FISCH AUS DEM RÄUCHEROFEN

Seite 90
LISES WEISSER SCHOKO-LADENBRUCH MIT MINZE UND INGWER
Auch lecker mit Zartbitter-schokolade und Nüssen!

Seite 110
FLAMBIERTE BANANEN
Das Leckerste hängt in der Pfanne!

Seite 92
LACHSTERRINE MIT FRISCHEN KRÄUTERN UND SPARGEL

Seite 112
BIRNEN-CHUTNEY

Seite 94
VANILLESAUCE (VLA)
Diese Sauce wird nie richtig dick. Wenn das gewünscht ist, hilft Stärkemehl!

Seite 116
KARTOFFELN AUS DEM BACKOFEN

REZEPTREGISTER NACH GRUPPEN Alle Rezepte sind für 4 Personen

V: vegetarisches Rezept

ALPHABETISCHES REZEPTREGISTER

V: vegetarisches Rezept

WIR BEDANKEN UNS BEI ALLEN, DIE UNS GEHOLFEN HABEN,
UNSER KUNST-KOCHBUCH-PROJEKT ZU EINEM ERFOLG ZU MACHEN.

WIEBKE VAN DER SCHEER UND MARGRÉ MIJER

WIEBKE

MARGRÉ

Copyright © 2007/2008 Wiebke van der Scheer and Margré Mijer
Published in arrangement with Scriptum Publishers
Gestaltung: Margré Mijer – mm@pureelements.nl
Umschlag: Elisabeth Jonkers, *keukenprinses rood* und
Andrea Letterie, Detail aus *not my cup of tea*
Illustrationen vom Vorsatz und von S. 159: Andrea Letterie
Fotos der Gerichte: © Wiebke van der Scheer

3. Auflage 2012
Für die deutsche Ausgabe
Copyright © 2010 Gerstenberg Verlag, Hildesheim
Alle Rechte vorbehalten.
Satz: typocepta, Köln
Satz aus der Chianty und der Roadkill
Druck und Bindung: Westermann Druck, Zwickau
Printed in Germany
www.gerstenberg-verlag.de
ISBN 978-3-8369-2634-8